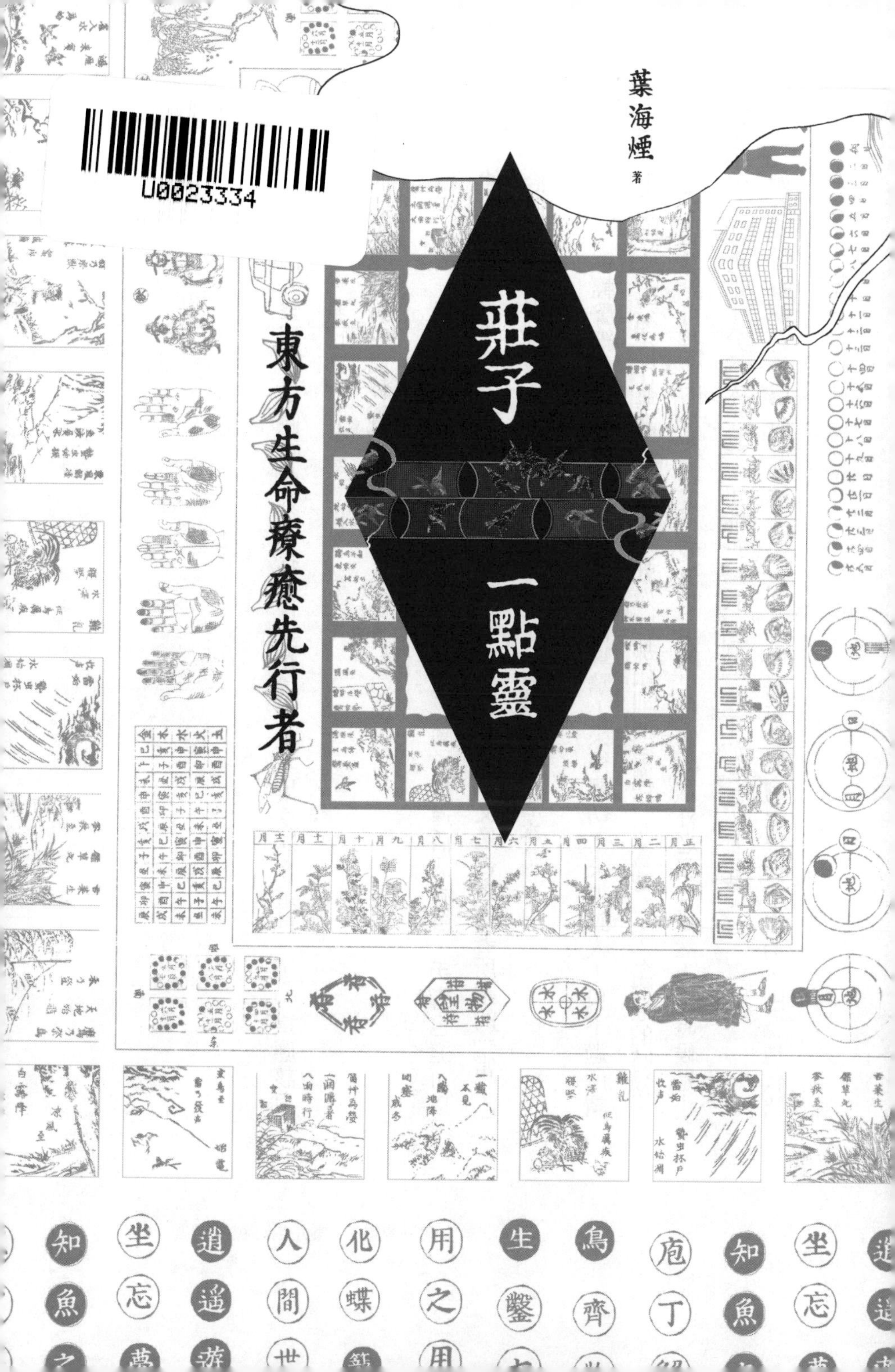

葉海煙 著

莊子一點靈

東方生命療癒先行者

自序

如果我們大聲高呼：「此時此刻，我果真生在這世上！果真活在這世上！」這應該只是描繪我們這一身已然存在的事實的陳述句吧！

而如果我們對自己輕聲細語道：

還好！這一顆心還在跳動，而在一呼一吸之間，腦子也還活活潑潑，手腳也還可以伸展自如，這就表示我真的是活著的嗎？而「此時此地」又是否意謂著所謂的「當下」恰似那真真實實地從我的心底噴湧而出的一道道生命的活水？

看來，這輕聲細語是比那高聲呼叫要來得真摯！來得懇切！來得動人！只不過所謂的「生命的活水」卻往往無端地被堵塞，就如同那如細網密織的血管總有不太暢通的時候。

而生病乃無可避免的身軀之災，受傷更是無可如何的意外之禍；雖然大多時候是小災小難，卻總是十分惱人，甚至可能折磨我們到「生不如死」的地步。

如今，這身軀之災已有許多解藥，意外之傷也大多能夠很快獲得療治，因為現代醫藥之發達與進步，已然到了「醫病共生」的高水平——當然，說「醫病共生」是「高水平」，並沒有諷刺的意味，但我們心裡卻始終還是有這樣的疑惑：

如果能夠不需看病，不必療傷止痛，那該有多好？

而那些幾乎以醫院為家的朋友們，我們到底該如何給他們真正的慰藉、關懷與安頓？

如今看來，身體的痛已大多有了消解之道，而那思想、心理與性靈的病卻是越來越讓我們感到憂傷，越來越教我們心生恐懼，也越來越侵犯到我們原本一心盼望單單純純地「活在此時此刻」這極其謙卑的權利與心願。

顯然，現代科技仍然效力有限，而無端的生命苦難更是難以預期與估量。我們還是得時時回頭看看自己這一身，回頭想想自己這一生，並同時回頭思量自己這一顆心到底蘊藏著什麼寶貝，或許，這樣的自力救濟與自力更生纔是生活的王道。

在此，且讓我們一起來細細品味兩千多年前這一位東方的「生命療癒先行者」——莊子到底是怎麼看待他自己這一身、這一生、這一世以及時時刻刻跳動在「此時此刻」的這一顆心，而其中又有何特殊光景值得莊子大書特書，這也許是人類千年不變的生命共業。

也許，從莊子的文字和言語裡，我們可以觀察到我們這一身並不必然與病同在，或竟非仰仗醫藥不可；而我們也可以體會到我們這一生（不論已經存活在世上多久的時間），其實可以過得自在，可以活得精采，如同莊子縱然「身世如謎」，但他卻能夠一方面「以生為寄」，因為任誰都無法永遠保住什麼；另一方面，他竟能夠「視死如歸」，雖說他並不曾活得壯烈，或者做出什麼驚天動地的大事。

當然，認識莊子這個奇人，細讀《莊子》這本奇書，平心靜氣地來聽聽那些故事、那些道理，我們是可以因此了悟我們這一顆心可不是任意跳動的，而我們在一呼一吸之間，更不能刻意去吞吐或吸納什麼天地菁華，或者視天地為無物，待萬物如寇讎，甚至把生養我們的大自然當作是「取之無禁，用之不竭」的外在資源——原本，我們一出生就無法自外於大自然，而「自然」原來就在我們完完整整的這一身，它的符碼（甚至是密碼）就藏在我們人人心底，就靠我們自己來記憶，來存取，來開啟我們與生俱來的自我療癒的能力，而莊子如是言，如是行，如是思量，如是觀想，如是腳踏實地，如是心無旁騖，如是存活於此時此刻——而他已然為我們落下這八個無比精采的篇章：

一、逍遙之遊——莊子一心渴望真自由，而他到底是如何滿足這心底深沉的渴望？又是如何從地面起身躍向那無邊無界的天空？

二、齊物之論——莊子彷彿心無是非，口無虛言，而只是靜觀萬物，平等看待這世上的一切，他是如何能夠保有這份真真切切的「自知之明」？如何在夢醒之際清清楚楚地守著這僅有的清明之心？

三、養生之主——莊子先是如同一般人，一心只盼望健健康康，無疾也無病，但他還深刻地警覺生命最大的痛——死亡隨時隨處在窺伺著我們，我們又能如何真正地跳出這幾乎無所不在的死亡的幽谷？

四、人間之世——莊子深知世上難免無妄之災，更難防故意之敵，但我們還是得盡量避禍，盡力解厄，同時盡心地處理好所有與我們相連相繫的人際關係；不過，當不順心不如意之事迎面而來之際，我們又當如何舉重若輕地一肩承擔？莊子顯然有他自己的法子。

五、真人之身——莊子不是教主，也不想開宗立派，他只是始終關心本來無價無償的生命到底該怎麼被我們認真地看待，而那「無用之用」的奧妙又有誰能真正了解？

六、渾沌之死——就莊子看來，「渾沌」本無生亦無死；而如果說我們總是自己在「找死」，並不是死亡找上我們，這雖然看似重話，卻可能有警醒人心的作用。原來，莊子的「生命之壺」暗藏玄機，而縱然生死之謎究竟無解，但我們又何妨放下心來，自由自在地在這世上走上一回。

七、自然之道——莊子當然不懂現代科技，但他已經知道運用機械的後遺症。設想時下所謂的「科技新貴」能夠放下「釣魚上鉤」的念頭，靜靜地佇立水岸，觀賞那魚兒水中游，大概就將別有一番生活情趣與生命體悟。

八、幸福之夢——莊子應該和任何人一樣，都想幸幸福福過一生，但我們到底該怎麼尋找終生的伴侶（甚至是「絕配」）？日子又該怎麼過得舒適？而和自己又能如何做一輩子的至親好友？這些問題的解答，可能就是打開那幸福之門的鑰匙吧！

這本小書，以「莊子一點靈」為題，並且突出《莊子》一書的文本意涵，點出其中充滿「人文療癒」的意趣與意興，就是為了將上述的精采篇章，在莊子的智慧光亮裡，做一次貼近現代生活的展示，並且試圖讓它們在故事、道理、想像、比擬、譬喻、虛構以及種種流動的意義、意趣與意味之間，又一次鑄造出「一點便靈」、「一試便終生受用」的自給、自足以及自食其力的人生新光景。

莊子不是神仙，當然不賣仙丹妙藥，他只是想和我們說些真心話，而這本小書的作者也自是本著這小小心意——「莊子一點靈」，靈的是我們的心，而我們只須一點，頭一點，手一點，心一點，而一點一滴地積累著自家生命的點點與滴滴，那麼我們就將彷彿是一道道安安靜靜的小溪，自自在在地向那遙遠的天際緩緩流淌而去。

——葉海煙於台南大地莊園 二〇一八年二月十一日

目錄

序曲

天造地設，生命現身

盤古開天闢地，女媧巧手造人，這東方神話裡的一男一女可真有本事。一個力大無窮，一個巧妙無比，而他們自是絕配，縱未必成對成雙，但在他們輪番「快閃」於這廣大遼闊的天地之後，這世界便不再寂寥，不再荒蕪，而從此有了生氣，有了變化，有了無比繁複的采色與風姿。

若分別來看，盤古的出場顯現了「開闢」的意趣，女媧的現身則揭露了「造化」的奧妙——「開闢」讓「文明」一路迤邐而來，而「造化」則一舉教「生命」呱呱落地，從此陰陽有隔，生死有命，這鋪展如魔毯般的大自然於是自在地向四面八方延展開來。

而我們人竟彷彿自始便在這大自然中討生活——討的是自身的活，求的是這僅僅一輩子的生，而到底是「先生而後求活」？還是「先活而後求生」？這問題似乎不必有答案，因為祇要我們生就康健，並活出興味來，又何必在意這本無事無難無災的世界到底會變成什麼樣子，又到底會落入什麼局面。不過，如此一廂情願的想法已然過時，因為盤古已不再向天地報到，而女媧也不再來敲我們的門。

如今，天地有災，世界有難，而人間有事。看來，我們還是得請出深諳「自然」之道，且能自在「逍遙」的莊子再次醒來，再次傳遞一些和盤古、女媧緊密相關的信息，讓我們真正理解「開闢」的深意，真正明白「生命」的真諦。或許，這正是融合人文與自然，以至於身心靈一體共存共在的生命療癒之道，而此道此路就在莊子高明的想像和曼妙的故事裡，一逕地在此一天地之間延展開來。

第一篇／

逍遙之遊——

大鵬高飛，小鳥低吟；

各有本事，也各有所長有所短；

又何必比大小，論輸贏？

因為牠們同樣屬於天，同樣屬於地。

但我們人呢？

我們這一生能如何「造就」出一個人來？

而那遮風蔽雨的家到底在哪裡？

莊子那「無何有之鄉」又怎麼能讓我們靜心定神而安住這一身呢？

到底誰大誰小？

——朋友，你有「懼高症」嗎？

大鵬高飛，小鳥呢喃；高飛者向天，呢喃者在地；而天與地遙遙相對，小鳥竟然向大鵬「隔空喊話」：

大鵬，你到底要飛到哪裡去呀？而我呢！我振翅一飛，不過幾尺高就掉了下來，但我還是一直很自在地在樹林中飛來飛去。大鵬呀！你到底要飛到哪裡去？

（原文：我決起而飛，槍榆枋而止，時則不至而控於地而已矣，奚以之九萬里而南為？——〈逍遙遊〉）

看來，小鳥頗有自知之明；不過，卻也同時對那飛向九萬里高空的大鵬，來個「大哉問」：「你到底要飛到哪裡去？」而大鵬對小鳥的質問，竟然沒有任何的回應（對此，莊子並未做任何的說明和交代）。也許，九萬里的距離不是小鳥的聲音可以穿越的；也許，大鵬自顧不暇，因為他必須在「摶扶搖而上」之際，盡力地和強風搏擊，以設法維持飛行姿勢的平衡和穩定，他又如何聽得見來自地上的微弱的聲音？

在此，我們是可以好好來想想：在小與大的對比之間，呈現的是一幅十分有趣的畫面——在遙遠的地平線上，大鳥看來一點也不大，而小鳥也沒有小到看不見；牠們彷彿只是「天地」這塊大畫布裡的兩個小點、兩個會自行移動的小東西；而且各有各的位置，各有各的方向，彼此之間並沒有任何的牽扯與糾葛。

當然，我們也可以自由地想像，想像自己化身為大鵬，逆風而行，向那無窮無盡的蒼穹；想像自己是隻小鳥，跳上跳下，在那疏林密葉之間愉悅地過活。而想想我們這個社會是一方面如同藍天般廣大開闊，不時有機會，且到處是活路；另一方面，這人間又好似綠地一樣，多采多姿，生機暢旺，但同時隱藏著不可預知的變數與危機。

有時候，我們是難免有這樣的非分之想：想像自己既是大鵬，又是小鳥；既可以高飛，又能實實在在地在地面上行走自如，跳脫自在。確實，我們的心真的可以如同大鵬般，沖天而上，冒險前行；而我們這個身子就彷彿小鳥一般，祇能盡力而為，謙卑地在這處處受限的生活世界裡，做自己想做能做且該做的事。

然而，我們是難免灰心喪志，更總是覺得不快活不自在，甚至疲憊不堪，困乏無聊。哎！睜開眼吧！朋友們，我們都有夢，也都有自己生活的藍圖；而「孵夢」可要有耐性，藍圖又怎能不細細勾勒？那大鵬的真本事又豈是一朝一夕學得來的？而那小鳥自足自娛的小確幸也不是畫地自囚者可以覓得著的。

看來，大鵬的豪情壯志顯然可以提振我們的心，而小鳥的小小動作則是讓我們的身子康健，筋骨靈活的日常操練；而我們最該避免的蠢事大概

就是：該效法大鵬的時候，我們竟然瑟縮如小鳥；該向小鳥學習的時候，我們竟然粗心大意，鹵莽地痴想振翅高飛，一走了之。

這莊子開宗明義的第一個寓言，可全無教訓的意味；莊子只是要我們隨時回到自己身上，細細檢點自己生命的裝備，以便各盡所能，各顯本事，各自發揮自己的天賦，也同時各自擁抱自己的夢想——看來，我們不必也不該有懼高症，我們又何必小家子氣地一味梳洗自己僅有的羽毛，而竟忘了欣賞天地間無限的美好？

「我」究竟是真還是假？

——「做假」可真累呀！

想像自己像隻鳥一般，在天空裡自在翱翔，自是心頭一樁樂事；但是，如果自己本身就有「飛」的能力，想飛，就飛；不想飛，就用兩腳著地，行走於山川水澤之間，這可就是不凡的稟賦，甚至是非凡的福分。於是莊子在大鳥和小鳥登場作飛行示範之後，便讓一位會飛的「人」出場——列子，一個會飛的人。莊子說列子是「御風而行」，輕妙自在；不過，頂多飛個十五天（半個月），就倖倖然折返。因此，莊子說這樣的飛行仍然不夠灑脫，不夠超然，也不是真自由、真自在，而只是暫時不用腳走路罷了！

原來，莊子心目中真正灑脫，真正超然，真正享有真自由而有真德行的人是下面這三種人：至人、神人和聖人，他說：「至人無己，神人無功，聖人無名。」(《莊子．逍遙遊》)至人超越了封閉的小我，神人超越了有形的功績，聖人則超越了外在的名聲。看來，莊子追求的是心靈的自由、精神的自由和生命的大自由，而這可不是擁有「超能力」就可以辦得到的，而是必須有心靈的涵養、精神的鍛鍊和生命的修行(這已然是真德行、真人格)，纔可能穿越橫阻於我們心裡的種種偏見，也纔可能去除我們生活的種種習氣，而讓自己跳出「小我」的窠臼，解開名利的枷鎖，終獲得真開放與大解脫，而真正地做一個「自由人」——莊子甚至稱呼這樣的人叫「真人」。唉！想想自己，我們是可能已經做了大半輩子的「假人」而竟不知也不覺。

而如果我們從大鳥的「天」和小鳥的「地」談起，那麼我們是應該先理解「自然」的真諦，因為天與地都是「自然」，也都屬「自然」。「自然」是我們和天地萬物共同存在的立足點，也是我們和天地萬物一起享有的生命資源。而「自」指「自己」、「自身」;「然」是「如此」、「這般這般」。如此拆字，原來「自然」就是「自己如此」，表面看來，並沒有多大多深的意思，但如果深入一層去體會：「為何我們能夠『自己如此』？」、「又為何我們理當『自己如此』？」，其中道理可就不那麼淺顯，意義可就不那麼簡單。因為事實上，我們往往不能「自己如此」，更往往無緣無故地「自己不如此」，而應該「自己如此」的時候竟不能或不願「自己如此」，這已然是人生大不幸的事——總是身不由己，甚至經常心不甘情不願地過日子，就好比蘇東坡的感嘆：「長恨此身非我有」，也似乎印證了柏拉圖的妙喻：「這肉體乃是靈魂的監牢」。

朋友，我們是不必天天如此提問：「我是誰？」、「你是誰？」、「他是誰？」，而這個「我」，本是第一人稱，卻常常在別人眼裡，淪為第二人稱、第三人稱。大家都習慣這麼說：「為自己而活」，似乎是天經地義，但既措身於人間，我們便不能不放開這個「我」，甚至拋下這個「我」，去和其他無數的「我」應對應酬，並且和無數的「非我」相見相遇；人生無奈，此為根由，不是嗎？但莊子卻另有法寶：他教我們不要學鳥飛，也不必化身為會飛的列子，而要努力涵養我們這一顆心，讓它免於受到不必要的羈束和牽絆；同時，努力鍛鍊我們的精神意志，讓它不會屈從於世間的功名和利祿、權勢與地位。如此一來，努力做個「真人」，我們纔能真正地自由，真正地幸福；而世上那些「假人」呢？他們在種種假象與幻覺之中迷醉自己，因此無端地耗去寶貴的生命。看來，除了自力救濟，自力更生之外，又有誰能「度化」他們？

「現代許由」哪裡找？

——「心靈三毒」染不得！

拋棄虛假，還「我」真實，這幾乎是天賦之人權。但是，這「我」卻往往如陀螺般，不停歇地流轉於這多門多路多歧途的人間，而終讓真實的變成虛假的，讓自然的變成不自然的，讓恬淡寧靜的本性被浮華所遮蔽，被喧譁所侵擾，甚至被淫亂與邪佞所毒害。最後，我們失去的，極可能是生命裡最根本最寶貴最真實的，以及那滋養我們心靈的無可讓渡的「自由」。

本來，莊子拈示的「逍遙」，與「自由」幾乎同理同義；但「逍遙」更生動也更有趣，而莊子一心嚮往的自由乃是我們生命最高標準最高格調的自由。因此，從「逍遙」的真實意義看來，大鵬和小鳥都是不夠逍遙的，那能飛行十五天的列子也不夠逍遙，在莊子眼裡，世上只有這三種人：至人、神人和聖人，纔是逍遙中人，但他們實在人間少有少見。莊子於是以那迴避名利惟恐不及的許由為例——說有一天，堯帝要把天下讓給許由，許由竟然說：

你治理天下，已經治理得很好了，而你要我來代替你，那我是為名聲來的？何況「名」只是「實」的表象，我又何必一味追求身外之物？你看，那鷦鷯在樹林深處築巢，牠佔有的只是一根樹枝；偃鼠到大河邊喝水，也不過是求滿腹罷了！算了吧！先生，我去治理天下，又有什麼用呢？縱然廚夫不願烹煮，那主管祭祀的尸祝也不能越權來替代他啊！

（原文：子治天下，天下既已治也，而我猶代子，吾將為名乎？名者，實之賓也。吾將為賓也？鷦鷯巢於深林，不過一枝；偃鼠飲河，不過滿腹。歸休乎君，予無所用天下為！庖人雖不治庖，尸祝不越樽俎而

代之矣。——〈逍遙遊〉

由此看來，許由真是個「自由人」！他謹守本分，絕不「越俎代庖」，連那帝王的尊榮和權位都撼動不了他堅定如磐石的心。

而如今，現代科技為我們創造不少「利便」、不少生活的好處，卻沒有同時為我們帶來同樣真實的自由。本來，滿足生活之需，確實需要花我們的巧思，用我們的巧技，而現代科技就是巧思和巧技的綜合體。遺憾的是，如今，方便、利益和許許多多生活的好處竟成了生命的負擔、心靈的累贅，它們也同時為生活的周遭製造了堆積成山的垃圾，而這在在是讓我們活得不自由，活得不快樂的負面因子。

當然，許由的自由是我們現代人求不來的，但他棄名利權位如敝屣的襟懷與修持，卻仍然值得我們學習。而我們更不能不體認自己如燭火般的小小生命，在這時有風雨的天地之間，到底該如何全生保命，其實不必大費周章，也不須勞師動眾，而祇要謙卑如那奮力築巢的鷦鷯鳥，單純如那只取一瓢飲的小偃鼠般，過著屬於自己的日子，就讓那廣闊的樹林始終保有千年萬年的靜謐，讓那浩瀚的大河依舊流淌著數不盡的晶瑩水滴。

也許，我們所以會不自由，祇因為我們一直去除不掉底下這三種不易療癒的難言之癮：

一、欲求不滿（貪）
二、嫉恨不平（嗔）
三、迷惘不知（痴）

這就是所謂的「貪嗔痴」，又稱「三毒」，而如今我們在身體不適，心理不安，生活的步調和節奏不調，而導致生命失去重心，精神難以安頓的種種情境裡，確實該回頭想想：我們所以不滿，究竟為了何事？我們所以不平，究竟為了何人？而我們所以會對生活的道理有所不察不解，以至於盲目無知於生命真實的意義，又究竟是何緣故？

根本看來，去除這三毒的解毒之劑就在我們一念之間。事實證明，不自由的人，確實比較容易得病——得的是心理病和精神疾病；而也唯有真自由纔能真健康，真快活，真幸福。縱然，「現代許由」難得見，但努力保有內心真真實實的自由，而因此自由自在於生活的每一個當下而自得其樂，甚至知足常樂，其實並不是什麼天大的難事。

「神人」不接受人間的供養和膜拜

——生命的外傷可以預防嗎？

在抬舉古代高士許由之後，莊子接著請出那居住在遙遠的姑射山上的「神人」，然後做了一段近乎「荒唐之言」，教我們真的難以置信的描述：

神人的肌膚像冰雪般潔白，姿態像處女般優雅嫻靜，他不吃五穀雜糧，只吸清風喝露水。他乘著雲氣，駕馭飛龍在四海之外遨遊；而他的精神意志專一，能使農作物不遭受病害，並使年年五穀豐登。

（原文：藐姑射之山，有神人居焉，肌膚若冰雪，綽約若處子。不食五穀，吸風飲露。乘雲氣，御飛龍，而遊乎四海之外。其神凝，使物不疵癘而年穀熟。——〈逍遙遊〉）

哎！這話誰相信？但莊子對這個有關「神人」的「神話」，又加了碼：「這神人的道德，將可以把天地萬物包羅為一體」，而世人都祈求神人來治理天下，但他卻壓根兒沒想過這回事，因為他的能耐可真嚇人：

滔天的大水淹沒不了他，可以讓金石融化、土山枯焦的大旱，他一點也不覺得熱，而他生命的殘餘就像塵垢秕糠，還可以陶鑄出人間聖王帝堯和帝舜，他又哪裡肯以世俗的事物為慮？

（原文：大浸稽天而不溺，大旱金石流土山焦而不熱。是其塵垢粃糠，將猶陶鑄堯舜者也，孰肯以物為事？——〈逍遙遊〉）

看來，這神人真的不把這人世間看在眼裡，因為他幾乎已「目空一切」，一顆心更彷彿已在九霄雲外，而他的身子和這形器世界之間，又豈止是「第三類接觸」？說實在的，神人到底有多神，有多奇？答案恐怕會是：你說他有多神，他就有多神！你說他有多奇，他就有多奇！

而既然我們都已生而為人，也都吃五穀雜糧長大，這小小身軀便不得不仰仗這自然天地的種種資源，因此我們和這天地於是有了密不可分的關係。看來，那神人竟能夠超然物外，或竟「置身事外」，真是不可思議。或許，借「神人」的故事，莊子是要我們想想：

我們一定得吃五穀雜糧，才能填飽肚子嗎？

「餐風飲露」難道不是另類的天地美食？

而我們在地上走動要求快，一定得乘車；

上天空高來高去，則一定要搭飛機，

這應只是一種巧技、一種便利，

而不是什麼了不起的超絕的本領，

此外，我們又何曾集中並專注我們的精神

與意志來面對我們周遭的一切，並設法去影響它們，去改變它們？

基本上，神人並不存在於這陰晴不定、冷熱無常的自然界，他該不是那始終仍是個謎的「外星人」。不過，縱然「神人」是莊子所設想的理想的生命典範，但他的特異功能，卻已然道出我們心底深處的想望與希求：想望這一身有著無限的美好，包括外在的容貌和內在的品德；希求不被困在「四海之內」，而能一舉跳出「天地」這個牢籠，探向那仍未可知的宇宙深處。此外，在大自然開始反撲的這個世紀，我們更希求能不被年年都可能出現的大水和大旱所傷所害，因為傷不了神人的自然災難是極可能出現在這七十億人所住居的星球。

看來，神人不是被供養被膜拜的，他（不必用「祂」字稱呼）其實長住在人人心裡——美顏美膚的專家不是在追求冰雪般潔白的肌膚？而調理飲食倡導養生者則可能會以「餐風飲露」為人類飲食的終極之道，而不願被人事與人倫所拘限的「風流人物」，又何曾在意世上的帝王權柄？或許，經常被「外物」所傷的我們，是該低頭走入自己的內心世界，走向終年籠罩雲霧的一座座生命的「靈山」——應該不是釋迦拈花，迦葉微笑的那一座吧！

#「無何有之鄉」何處尋？

——你患了「二分法」的思想分裂症嗎？

在此，且休管「神人」去處，因為莊子一直不提供他確切的「個資」。但是莊子卻興味滿滿地一連說了幾個寓言故事：

宋國有個賣帽子的（他賣的是禮冠、禮帽），有一次到南方的越國去賣，結果都沒生意，都沒人光顧——只因為越人「斷髮文身」，本來就沒有戴帽子的習慣。

（原文：宋人資章甫而適諸越，越人斷髮文身，無所用之。堯治天下之民，平海內之政，往見四子藐姑射之山，汾水之陽，窅然喪其天下焉。——〈逍遙遊〉）

莊子的好友——惠子，有一天對莊子說魏王送他一個容量有五石大的大葫蘆，卻抱怨那葫蘆的皮不夠硬，裝滿水恐怕承受不住，而如果把它剖開來做瓢子，世上也沒有那麼大的水缸可以容納它。

惠子呀！你怎麼不用那大葫蘆來做「腰舟」（救生圈），就把它綁在你的腰，而讓你自由自在地在江湖裡漂浮泅游，怎麼還擔心它大到沒有水缸可以容納呢？惠子呀！可見你的心還真是迂曲不通呀！

（原文：惠子謂莊子曰：「魏王貽我大瓠之種，我樹之成而實五石，以盛水漿，其堅不能自舉也。剖之以為瓢，則瓠落無所容。非不呺然大也，吾為其無用而掊之。」

今子有五石之瓠，何不慮以為大樽而浮乎江湖，而憂其瓠落無所容？則夫子猶有蓬之心也夫！——〈逍遙遊〉）

有一次，惠子又發牢騷，說有一棵叫做「樗」的大樹，樹身臃腫而不應繩墨，小枝捲曲也不合規矩，它長在路旁，匠人連看都不看一眼。現在你說的話就像這棵樹，一點也不成材，真是「大而無當」！一點用也沒有，大家全都不相信。

「惠子呀！你怎麼老想利用木頭，用它來做成器物使用。你為什麼不把它種在『無何有之鄉』，在那虛無寂寥的土地上，在那廣大遼闊、無邊無際的原野中，而你就可隨意地在它旁邊徘徊，自在地躺臥在它涼爽的樹蔭下。如此一來，這大樹便永遠不遭到斧頭砍伐，也永遠不會有外物來傷害它。看來，大樹沒有所謂的『用處』，它又會有什麼困苦災禍呢？」

（原文：惠子謂莊子曰：「吾有大樹，人謂之樗。其大本臃腫而不中繩墨，其小枝卷曲而不中規矩，立之塗，匠者不顧。今子之言，大而無用，眾所同去也。」

今子有大樹，患其無用，何不樹之於無何有之鄉，廣莫之野，彷徨乎無為其側。逍遙乎寢臥其下。不夭斤斧，物無害者，無所可用，以上這幾個故事，像是生活小典故，和那「神人」的神話不大一樣；而且莊子所以特別講這些有點譏諷意味的事例，顯然是要我們活用腦筋，來開發生活的創意，來拓墾生命的園地。

而世上「死腦筋」（在此，這個詞可不是用來罵人）的人確實不少；可以說，幾乎每一個人都可能會在某一個生活的場合裡出現「死腦筋」的執著、頑固甚至鑽牛角尖的偏激，而做出不理性的事情。特別是那睜眼可見的近利，往往矇蔽了我們的眼睛，而讓我們看不見真實的世界，以及真正對我們有利有用有好處的事物；看來，世上最難解的就是那被「有用」和「無用」的二分法所切割的單向思考，它往往肇致讓我們難以接納外在世界的封閉心態。

在目前多元多變的現代世界裡，「死腦筋」以及種種二分思考是可能為我們的生活平添變數，甚至引來危機。看來，一旦我們被「有用」之物所迷惑，便會變得急切而躁進；而若我們竟落入「無用」的空洞之中，那就可能終日哀怨悲嘆。因此，如果我們能跳出這被「有用」與「無用」切割為二的對立思考與矛盾思考，而轉向互動式思考和整全式思考，再從而轉入於情境思考和創意思考，來應機應時，就事論事，並且扣緊環節，針對問題。如此一來，我們便彷彿為自己投了受益無窮的生命險、心靈險和精神險，我們也就不需硬碰硬地去急著處理周遭所發生的種種意外事故。

看來，世事何止有兩面性？吉凶相續，禍福相依，且讓我們好整以暇，學學那守株待兔者——他不是懶，更不是笨，他其實已對狡兔的行徑瞭若指掌，而他能夠以逸待勞，也算是一種生活本領吧！但願將來莊子再世，這世上將不再出現「惠子們」讓他訕笑了。

第二篇／

齊物之論——

與物共在，豈止是上天給我們的真正的恩賜？

而和人相伴，則是我們這一生莫大的福分。

既然共在，便當共享；既然相伴，便不能相爭；

我們又何必整天在人間的是是非非裡打轉？

而當大夢初醒，眼瞼微啟，我們是應無悔無憾亦無恨。

「吾喪我」，究竟是什麼光景？

——「文明症候群」到底是什麼病？

一般人都認定「禪」源自古印度，如今流行的「瑜伽」（yoga），更大多由那些來自印度的修煉者向世界各地傳播。不過，在文明早熟的東方，在歷史悠遠的年代，應還繁衍著另一個「禪」家族的系譜——莊子就搶先揭發了這個由華夏民族所孕育出來的「修道」的傳統，而如果要為這特殊的「禪」的原生種取個名號，就姑且稱之為「無我禪」吧！底下就是這「無我禪」的原始的故事：

有一個修道人，名叫南郭子綦，他有一天在打坐的時候，突然仰天做了一個深呼吸，而神色從容，像心魄離開了身體一般。這個時候，他的學生顏成子游侍立一旁，便問道：「這到底是怎麼回事？形體可以使它像槁木，心靈可以讓它像死灰嗎？老師，你今天打坐的功夫，和你以前打坐的功夫，看來很不一樣，這是為什麼呢？」子綦回說：「子游，你問得好！我現在已經達到了『吾喪我』的境界，這意思是說我竟然已經忘掉了自己這一身，你知道嗎？也許，你只聽人家說過『人籟』而沒有聽過『地籟』；即使你聽過『地籟』，也應該沒聽過『天籟』吧！」

（原文：南郭子綦隱机而坐，仰天而噓，荅焉似喪其偶。顏成子游立侍乎前，曰：「何居乎？形固可使如槁木，而心固可使如死灰乎？今之隱机者，非昔之隱机者也。」子綦曰：「偃，必亦善乎，而問之也；今者吾喪我，女知之乎？女聞人籟而未聞地籟，女聞地籟而未聞天籟夫！」——〈齊物論〉）

看來，這個故事不會「純屬虛構」，因為這樣的修道人遠古就有，而莊子筆下的藐姑射之山或許就是這些修道人心目中的一座聖山。而這樣的修道傳統也自有其歷史的傳承，自有其無可磨滅的文化力道源自遠古，一脈地延展而來；而在南郭子綦身上，我們真的發現：得要有真功夫，纔會有真境界、真本事、真生命。

而由人籟、地籟到天籟，恰恰是「生命境界三部曲」。首先，「人籟」指的是這世上吵雜喧囂的人聲，意味的是這個「我」夾在無數的「我」中間，這就是所謂的「人際關係」，它正是每一個「我」時時刻刻都要面對的人生課題——如果學術性或專業性地講，這其實就是我們每一個人自身的「社會化」所必經的過程。

接著，所謂「地籟」，指的是大自然中物物交應的關係，莊子用「大塊噫氣」（大地吐氣）的風吹現象來形容——風一吹，地上各種孔竅便自然地發聲；而風大，聲響便大；風小，聲響便小；而一旦沒風，周遭便寂靜無聲，這就是所謂「天地交響」以至於「物物協奏」所演現出的美妙音樂吧！

至於「天籟」，究竟是何光景？莊子直言：「那地籟指的是無數孔竅所發出的聲音，而它們都由自身發出，也都自行停止，又有誰來主使，使大自然裡無數的孔竅發出聲音？這就是『天籟』！」顯然，「天籟」即「自然」，「自然」即「天籟」。因此，「天籟」是無法用眼睛看，用耳朵聽的，真是「見無所見，聽無所聽」。

在此，且讓我們再體味一下南郭子綦所說的「吾喪我」，到底是什麼意思？「我」指的是人我對立之「我」，而「吾」則是獨立自主而自由自在的「我」自身（這已然不必有「我相」）；追根究底，是唯有忘了「我」，超越了人我對立對反的關係，我們的精神狀態纔可能上達於真我獨立，無所依傍的境界。也就是說，超越了「假我」而不被人我關係所糾纏，「真吾」（「真我」）纔可能現出真身，而終讓我們獲得真解脫、真自由、真自在。

而由此迴向人間，來審視世上任何一種信仰、一種修行，便可以發現：它們幾乎都有鍛鍊身心意志的功課要修要做，特別是心念專一的禪修、禪定，更是一切修行的共法——唯有心先定，纔可能接著開發出所謂的「天眼」、「道眼」以及「法眼」、「佛眼」。

如今，現代文明帶給我們的，最具有誘引力的，便是以視聽為主的官能享受，而我們種種文明病，難道不是正在這鋪天蓋地的感官世界裡一再地消蝕著我們有形有限的生命？因此，且讓我們暫時不用肉眼去看，也不用心去想，而無牽無掛地進入靜謐的心靈世界，或許纔能夠讓我們得到真正的休息、真正的調養、真正的療癒吧！

哀莫大於心死

——誰沒有「情緒」？

做一個文明人，又一心嚮往美好生活，我們應可以下這個小小的結論：「文明是生活的產物，而生活又是我們人自己去『過』出來的。」——所謂「過活」或「過生活」，說來有點消極，有點無奈；不過，在我們真正懂得過生活之後，我們的生活就可以變得多采多姿。祇是所謂「懂得」是真懂？真正懂？還是一知半解的「假懂」、「假裝懂」？對此，莊子似乎未曾去深究，仔細去琢磨，因為他不是專業的心理學家或是哲學家——他是一個智者、一個有道有德者、一個很了解自己也很懂得過生活的平凡人。

因此，莊子對我們心靈的下層、底層，以及那難以追究的陰暗面，特別地關注，也特別地做了分析，於是他發現：

我們的知識，有「大知」，也有「小知」；而我們的言語，也同樣有「大言」和「小言」。「大知」很廣博，「小知」很有條理；「大言」氣勢不凡，「小言」喋喋不休。然而，不幸的是我們總是被小知和小言所困所擾所傷，因此彼此鉤心鬥角，竟讓話語整天像利箭一般，窺伺著別人的是非，而相互進行攻擊。於是我們的精神往往衰殺似秋冬，我們的生命總似被封緘在密閉的盒子裡，透不出一點力氣來，我們就這樣日漸老朽，日漸衰竭。

（原文：大知閑閑，小知間間；大言炎炎，小言詹詹。其寐也魂交，其覺也形開，與接為構，日以心鬥。縵者，窖者，密者。小恐惴惴，大恐縵縵。其發若機栝，其司是非之謂也；其留如詛盟，其守勝之謂也；其殺若秋冬，以言其日消也；其溺之所為之，不可使復之也。——〈齊物論〉）

於是莊子重重地歎道：「近死之心，莫使復陽。」原來，這顆心竟是會自尋死路的，而「心死」乃人生在世最大的悲哀——表面看來，人還在，心已死，這可是多麼教人不捨呀！於是莊子不得不扮演起「心理諮商師」的角色——於是他又有重大的發現，發現我們是真的會有「情緒」，而我們的情緒是至少有下列十二種：喜、怒、哀、樂、慮、歎、變、慹、姚、佚、啟、態（欣喜、憤怒、哀傷、歡樂、憂慮、悲歎、猶豫、固執、輕佻、放縱、張狂、作態）。而這十二種情緒日日夜夜輪番上場，惹得我們不知所措，而竟然自始至終不知它們背後到底是誰在操弄？或許，根本就沒有主使者、操縱者。莊子甚至認為這些心理現象或許只是宇宙間生命變化系列中的一些階程、一些環節罷了。

由此看來，莊子並不太想做專業的心理分析，因為他主要的目的是想撫平我們的情緒，安慰我們的心靈。而他的作法相當近似後來的禪宗，禪宗認為我們所以會有種種情緒而導致心不安，神不寧，緣由就在我們心裡一直有雜念和妄想；而禪宗消除雜念和妄想，有一個相當有效的方法：

「看管念頭」，就讓雜念妄想似浮雲來去，如落葉翻飛，它們其實障礙不了如朗朗青天的一幅幅心境——一開始時是念生念滅，慢慢地念頭由粗而細，由動而靜，而終究是一念不生，一念不滅，念念不生念念不滅，如此一來，我們的情緒就起不來，我們這顆心也就定下來。在此，有詩為證：

「秋風落葉亂為堆，掃去還來千百回，一笑罷休閒處坐，任它著地自成灰。」

看來，我們是日日「掃去還來」，東奔西跑的凡夫，而莊子和禪宗的祖師們不正是那「一笑罷休」的高人，鎮日在大自然之中享受真實的自然風光。

原來，祇要活得自由自在，我們的心終究可以不死。就讓我們的情緒不斷地回到自然變化的過程，不必刻意去排除，去壓抑，去圍堵。顯然，莊子的心地功夫彷彿後來禪師們的看家本領——照料一己的念頭與思緒，同時看管住心緒與情緒，而這根本不是什麼奇人異士的特異功能。

真偽並存，是非共在

——我們的思想為何會有盲點？

雖然莊子很會說故事，不過，有時候他還是很努力地在講道理，甚至花力氣地在做一些十足有效的論證：

「道」為什麼會被遮蔽而有了真偽？「言」為什麼會被擾動而有了是非？其實，「道」是被我們的成心成見所遮蔽的，「言」是被我們的浮華巧飾所擾動的。就以這世上兩大思潮——儒家和墨家為例，他們所以會彼此對敵，互相攻訐，祇是因為他們都以自己的意見為「是」，以對方的意見為「非」；如此一來，是其所是，非其所非；是是非非，非非是是，從此擾攘不休，吵個不停，而真正的「是」和真正的「非」，都到哪裡去了呢？

（原文：道惡乎隱而有真偽？言惡乎隱而有是非？道惡乎往而不存？言惡乎存而不可？道隱於小成，言隱於榮華。故有儒墨之是非，以是非所非而非其所是。欲是其所非而非其所是，則莫若以明。——〈齊物論〉）

面對如此真假莫辨、是非不明的人間亂象，莊子的解決之道十分明快——他要對立的雙方都能運用「同理心」，運用對等的「相互性」，而轉換「彼」與「此」的身分，站在對方的立場來思考來論斷，那麼對立的雙方便可以同時而對等地發現：原來的「彼」變成「此」，原來的「此」則變成「彼」；原本的「是」變成「非」，原本的「非」則變成「是」。如此相互理解，彼此尊重的態度，莊子稱之為「以明」、「兩行」、「天鈞」，這在在透露這世上實乃「真偽並存，是非共在」，那些容不下「異己」、「對敵」以及所謂「他者」的偏激份子是該偃旗休兵，好好來面對真真實實的自己，而讓我們一起回到可以讓一切並存共在的「自己本來如此」的狀態。

顯然，莊子主要是運用下面這兩個原則，來處理此一真偽莫辨、是非不明的思想困局與言論窘境：一是依「言」論「言」，二是就「理」論「理」；莊子說「言者有言」，這是對任何一個發言者給予同等的尊重，而有理纔能有言，而且是「有理之言」——所謂「言之成理」，大概就是莊子心目中的理想的言談模式了。

確實，我們所以要言之成理，要持之有故，就是為了讓我們個人都有同等的機會，一起來說說理，來評評理，而我們因此纔能夠理直又氣壯地彼此平起平坐，並肩同行於相互溝通、對等交流的思想的園林中。

當然，除了發揮同理心來說理論理之外，我們也應該將心比心地在時空縱橫又交錯的天地之間，一起頂著天，一起立著地——「天」象徵我們共同的理想，它就是讓萬物成為一個整體（此即莊子所謂「道通為一」）的「道」；而「地」則意謂我們理當共享的資源，而資源必須在「各取所需」的前提下，雨露均霑般合理地分配——莊子認為這合理的分配原則就是「道」，就是「自然」。由此看來，這世上誰都不能獨佔資源，誰也都不能無端地浪費資源；同樣地，任何人都無法專斷而獨行，任何人都不是真偽與是非的決定者與裁決者。

由此看來，世上根本沒有所謂的「真理的代言人」，而想獨佔資源（包括有形的物質資源和無形的精神資源），不和別人共享，更是痴心妄想。特別是所謂的「精神資源」其實是由我們用心用腦共同創造出來的，也必須由我們一起來保守來維護，譬如大家都認定某一個道理是對的，某一種理論是正確的，那麼這個道理和這個理論便都是我們所共享的心靈資源與精神資源，也便都是我們所共有的思想資產，縱然我們的思考總是有盲點甚至有不易鑽出的死角，但因為我們彼此包容，相互認同，包括認同那些始終和我們意見相左，觀點歧異而立場總是引來緊張關係的人們。也唯有如此，我們終究可以自在發言，自由思考。

「朝三暮四」是聰明的點子？

——「善變」有錯嗎？

莊子的思想有一個核心的觀念：「世上的一切時時刻刻都在變化」，而這個觀念甚至是供我們判斷是非對錯的一個重要的參照。

一般說來，懂得變通，往往是件好事；但說別人善變，卻似乎有負面批評的意味。而睿智如莊子，面對天地之間一切的存在，在斷言「天地與我並生，而萬物與我為一」之後，他走的是「中道」，而因此在變與不變之間不偏袒任何一方，因為變化之中有不變，不變之中則潛在著變化的種種可能——「天地與我並生」，是說我和一切都同在變化之中；而「萬物與我為一」，則意謂：怎麼變，都是一體在變，無時無刻都在變，而最終一切變成一個無法分割的整體。

為了呼應上述的道理，莊子請猴子做主角，講了一個有趣的故事：

從前有一個養猴子的人叫狙公，他餵猴子吃橡子，對猴子說：「各位，我早上給你們三升，晚上給你們四升，怎麼樣？」猴子聽了都很生氣。於是狙公馬上改口：「那麼早上給你們四升，晚上給你們三升。」猴子聽了都高興了起來。

（原文：狙公賦芧，曰：「朝三而莫四。」眾狙皆怒。曰：「然則朝四而莫三。」眾狙皆悅。名實未虧，而喜怒為用，亦因是也。——〈齊物論〉）

表面看來，或者是猴子們已經被飼養了一段時間，而因此牠們的行為被制約了，或者是猴子們自有天性，自有主張，而因此不完全聽命於飼養牠們的人了。但不管怎麼樣，這個故事留下一個如今仍然經常掛在人們嘴邊的成語——「朝三暮四」，意思是「沒有定性，時常改變」，也就是說人們沒有養成固定的行為模式與生活習慣，而因此造成了一些負面的生活效應。說人家「朝三暮四」，是多少有指責和針砭的意思。

但是，如果站在猴子們的立場，我們可就不能輕易指責牠們為何無端地喜怒無常。本來，狙公飼養猴子，每天的食物自有其固定的總量，只是猴子們喜歡的分配方式和主人的分配方式有所不同罷了。看來，猴子改變了主人往常的餵養模式；事實上，猴子們堅持早餐吃得比晚餐多，到底是不是一種特殊的生活「講究」？或者只是一種無謂的「嗜好」？我們就不必去深究了，因為動物們的天性和牠們的習慣之間的關聯性，且交給動物學家或是動物行為觀察者去好好深入了解，而我們關心的問題是：

如果一切都在變，而且是不間歇地在變，那麼要怎麼變，纔是合情合理而且是對改變者最有利的變？

在此，就回到我們人自己身上，來思考一下「朝三暮四」的正面的意思。事實上，我們總是「朝三暮四」地去考慮一些事情，因為我們需要準備，需要做出決定，來面對早晚不一樣的情況，不管是什麼樣的改變，我們都必須接受，也都必須先改變我們自己的想法和作法——這似乎已經是生活的常識和共識。確實，或喜或怒，自有其緣由，說什麼「喜怒無常」，不僅對猴子不公平，對有個性有脾氣有習慣甚至有主張有堅持的我們也不太公平；說「無常」，大概是因為批評者心中有個「常」，有個固著的成見，而因此不去細究「無常」背後同時存在的定數與變數吧！

如今，人間多難，天地多變，而且是大變與驟變，於是我們總是擔心，總是恐懼，總是驚慌失措。對此，莊子早有良策——且相信天地有道，萬物有理，而人心也自有情有義，有感有覺，有所察也有所思，而因此我們這顆心是自有它的出路，自有它的活路。

如何不被情緒牽連，如何不盲目地跟著感覺走，就是要讓我們能夠長保心境平和，來面對那些充斥著不平與不和的環境的上上策！

你知道「你不知道」嗎？

——「自知之明」最康健

底下這段對話十分有趣，且讓我們細細品味：

有一個修道人名叫齧缺，有一天問他的老師王倪：「老師，您知道天下萬物為什麼都相同而彼此沒有差別嗎？」王倪答說：「我怎麼知道呢？」齧缺又問：「老師，那您怎麼知道『您不知道』？」王倪說：「我怎麼知道呢？」接著齧缺又問：「那麼，天下萬物都是無知的嗎？」王倪答說：「我怎麼知道呢？我怎麼知道我稱為『知』的不是『不知』呢？我又怎麼知道我稱為『不知』的不是『知』呢？」

（原文：齧缺問王倪曰：「子知物之所同是乎？」曰：「吾惡乎知之！」

「子知子所不知邪？」曰：「吾惡乎知之！」「然則物無知邪？」曰：「吾惡乎知之！」雖然，嘗試言之。庸詎知吾所謂知之非不知邪？庸詎知吾所謂不知之非知邪？——〈齊物論〉

講完這個故事，莊子又接著為這故事背後的道理，做了一些例證：

人睡在潮溼的地方，就會腰痠背痛，泥鰍也是這樣的嗎？人住在樹上，就會害怕發抖，猿猴也是這樣的嗎？這三者（人、泥鰍和猿猴）誰纔知道真正安穩的住處呢？人吃牛羊犬豕，麋鹿吃草，蜈蚣喜歡吃蛇腦，貓頭鷹和烏鴉喜歡吃死老鼠，這四者（人、麋鹿、蜈蚣、貓頭鷹和烏鴉）誰纔知道真正美味的食物呢？猿狙和雌猿作配偶，麋和鹿交合，泥鰍和魚成雙成對，而人間絕色美女毛嬙和麗姬，魚見了就躲進水裡，鳥見了就高飛閃避，麋鹿見了就拔腿快跑，這四者（人間男女、猿狙和雌猿、麋和鹿、泥鰍和魚）誰纔知道真正的美色呢？

（原文：民溼寢則腰疾偏死，鰌然乎哉？木處則惴慄恂懼，猨猴然乎哉？三者孰知正處？民食芻豢，麋鹿食薦，蝍且甘帶，鴟鴉耆鼠，四者孰知正味？猨猵狙以為雌，麋與鹿交，鰌與魚游。毛嬙麗姬，人之所美也；魚見之深入，鳥見之高飛，麋鹿見之決驟。四者孰知天下之正色哉？——〈齊物論〉）

哎！原來「沉魚落雁」之貌在動物眼裡，竟是那麼驚人！那麼嚇人！不過，在莊子眼裡，這可是很一般很尋常的事，因為莊子在「一切都是相對的」這個大前提下，他是真正地用「平常心」來看待一切的事物——由於是相對的，所以人人要互相往來；也由於是相對的，所以物物理當正眼面對。在此，我們就來拆個字：首先，「相對」的「相」是要我們慷慨地互相照應；接著，「相對」的「對」則是要我們勇於面對世上所有獨立的個體以及所有個體之間所共有共享的關係。

有人說，現代人的價值觀理當多元，現代人的心靈應當開放；沒錯，多元是最基本的認知，開放是最篤實的態度。然而，在多元與開放的生活情境裡，我們更該隨時隨地提醒自己：「我們的認知都是受限的，而我們對自己的了解也就因此很有限。」由此看來，那高人王倪的謙卑應該是很真誠的，而他對自己有限的認知，做了如此直接的反省與考察，其實是一次很有意思的示範動作，教我們在「自以為是」的思路延伸而一往直前的時候，是理當隨時回視自己，停下腳步，緩和一下情緒，同時鬆弛一下腦筋，而不斷地問自己：「我真的知道嗎？」、「我為什麼不明白呢？」甚至放空自己的思慮與心境，什麼都不要想，甚至什麼都不要做。

謙卑不僅有福，謙卑更會帶來健康，而「自知之明」則恍似一盞明燈，永遠指引著我們向未知的世界邁進。

在這人人往虛擬世界「尋寶」的熱潮一波波湧現之際，我們是該反轉一下自己認知的力道，而回到真實的世界，來和自己仔細商量，熱切交談，而讓我們在思想和知識的園林裡結伴同行。這或許纔能多少呼應「安全是回家唯一的路」這句很有意思的交通標語。

夢蝶．化蝶．自自在在

——「我」怎麼可能一直是那個「我」？

人，生而有夢，而說「人生如夢」，似乎有點言過其實。不過，做做夢，並非壞事，特別是在這燠熱逼人，喧囂擾人的年代。當然，要做夢，就要做好夢，做美夢；而如果不幸惡夢連連，便恐將心神不寧，甚至傷及身體——看來，美夢難做，而惡夢易醒。

逍遙於大自然之中，莊子竟做了一個十分道地的自然之夢：

有一天，莊周做了一個夢，夢見自己變成了蝴蝶，他於是飄飄然地感覺自己是隻飛舞自在的蝴蝶，竟忘了自己本來是莊周；可是一旦夢醒了，發現自己還是那真真實實的莊周。然而，他還是不太確定：不知是莊周夢做了蝴蝶？還是蝴蝶夢做了莊周？

（原文：昔者莊周夢為胡蝶，栩栩然胡蝶也，自喻適志與！不知周也。俄然覺，則蘧蘧然周也。不知周之夢為胡蝶與，胡蝶之夢為周與？周與胡蝶，則必有分矣。此之謂之物化。——〈齊物論〉）

原來，夢醒之間，有著一段連續性的變化——而這變化可不是一般的變化現象，也不只是表象的或是外在的變化，而是澈澈底底的內在的變化、生命的變化、存在的變化。不過，莊子還是很篤定地下了一個結論——莊周和蝴蝶一定是有分別的，這就是所謂的「物化」——意思是：自然的變化、自自然然的變化。

在此，我們無須費神去討論所謂「現象」與「本體」之間究竟有何差別的哲學問題，我們關心的是攸關我們自身的生命問題，而最切身最緊要的生命問題就是：

我們每一個人活在世上，究竟該用什麼身分、什麼姿態、什麼樣式活著？而我們這個「我」始終是一成不變的嗎？萬一生命途中起了什麼大變化，發生了什麼大事情，「我」能夠挺得住而始終堅持他的崗位嗎？

本來，世上變化大多是自自然然之事，而既然事屬自然，那麼變化就不必然是好事或是壞事，就看當事人怎麼去理解，怎麼去評估。在此，我們是該好好來思考「莊周夢蝶」所蘊含的深沉的意味。而莊周這個夢之所以成為「千古大夢」，除了莊子思想內在引人遐思的魅力之外，主要的緣由應該是因為人和蝴蝶之間在莊周夢裡，竟發生如此弔詭如此不可思議的變化，而且是那莊周整個人「變身」為蝴蝶，是那蹁躚自在的蝴蝶整個「變身」為莊周，這不僅違反生物發生的律則，更教人不禁有了如下之聯想：

我們這身子或許只是暫時性的存在，只是各種因素一時之間「假合」

而成的，它並沒有恆定不變的本質。因此，「變身」為美麗的蝴蝶（或者竟變為任何之他物），也許是我們生命裡潛藏的一種充滿希望的可能、一種無比美麗的想像——只因為我們有夢，又能自在地從夢裡醒來。

也許，做夢竟是一種福分，在這看來有些零亂有些殘破的現實裡；而有人說「夢」是心理的缺口、情意的出口，莊子應會同意這樣的觀點，祇是莊子重視的是「清醒」這一回事，他不是佛洛伊德，也不是榮格（這兩位都有特殊的「解夢」的能事），因為莊子想了解的是我們到底能如何清醒地活著，活在這無時無處不變的世界。而縱然生命最根本的變化——死亡，是一直窺伺著每一個「我」，但是祇要我們能夠穿越充滿變化的自然通道，而始終與這唯一的「我」保持著和好和諧的關係，我們又何必在意「我」不可能一直是「我」這個由不得我們自己的生命大事；而我們只要相信變化是自我療癒的良師益友，那麼就讓我們接納它吧！因為讓自己自由自在，恰恰是我們與生俱來的特殊的稟賦。

第三篇／

養生之主——

凡「生」皆自有其主，

而「生之主」指的是我們個人的意識、心靈與精神，

它正是開啟生命大門的那把鎖匙，

它怎能被任意棄置不顧，甚至丟失不見？

不過，我們這些凡夫俗子，卻總是睜眼不見它，

甚至忘了開鎖的密碼，

更煩人的是我們又無法把它帶在身上，時時看管住它。

保身全生的竅門

——「中道」纔是生命康健之道

如果說天地自然是我們的良師益友，意思應該是：

天地是讓我們可以自在生養的益友

自然則是讓我們可以自行療癒的良師

而天地本自然，自然在天地，天地與自然彼此不離不棄，我們人就在天地自然的哺育之中成長，我們的生命也同時在天地自然的懷抱裡逐漸衰老死去——自自然然，原原本本，任何人為的力量都阻擋不了，任何主觀的意圖也都破壞不了。

莊子顯然明白天地自然之中存在著這一股無可遏抑的生命力，而這渾然的力道幾乎無所不在，也幾乎無所不變，無遠弗屆。而也唯有我們長保此心清靜、寂靜，它單單純純，明明白白，以至於如同虛空一般，了無牽掛，全無窒礙，我們纔能夠讓這充沛豐盈的生命之力（一般都用「氣」來描述它），而無孔不入地周流於我們身體的各個部位。

原來，傳統的養生之道以及各種健身強身的法門所以都以「氣功」為核心，也都環繞著「氣」的周行流動，練就出種種足以保生全生的功夫，道理就在此。

而這自自然然的生命通路就是所謂的「中道」，於是莊子如此斷言：「緣督以為經，可以保身，可以全生，可以養親，可以盡年。」這話的意思很明白：

> 順著虛靜自然的中道而行，便能夠保全自己的生命，也同時保全自己的天性，並進而能夠養護生命的真君，而享盡天年，全壽而終。緣督以為經，可以保身，可以全生，可以養親，可以盡年。——〈養生主〉

由此看來，莊子其實深諳養生之道，雖然我們看不出他擁有什麼奇特的養生之術。原來，道與術本就不可分割，而「修道」就是「養生」，因為我們都始終行走於「道」上，也都在「道術」之中相忘而共存共在。

而既以「虛靜」、「虛寂」為「道」，此虛寂虛靜的生命內在之道自是居中而不偏不倚，並且又無始無終地延展於四面八方，祇因虛而能容一切之物，祇因靜寂而能讓一切之躁動平息下來，安定下來，而讓我們的生命自由自在地生根茁壯，讓我們的天性不遭受任何人為且刻意的傷害。如此一來，長生便不是不切實際的奢求，不老也更不是憑空揣想的妄念與幻想。

一般而言，生活確實不易；但是在性靈自主自發的生命園林裡，我們卻可以簡簡單單地過一生，也同時可以順順當當地做自己。原來，「中道」無所不是，也無所不在，因為慷慨包容的美德恰恰是調養身心的靈丹妙藥，而也唯有心無雜念，平等看待一切事物，並且包容與我共存共在的一切，我們的慷慨之情與感謝之心纔可能不斷地起正向的作用，而最後讓一切擾嚷不休的紛爭與動亂停息下來。如此一來，「虛而後共在共生，靜而後定心安身」，便不會只是一種理念，或只是一套理論了。

因此，莊子以「虛」為「氣」，以「氣」為「虛」，全都在「中道」精神引領下，全心全力做他的生命事業——這事業不講效益，更不論功德，只因為修道以養生，是不僅自己受用，更是一件利己利人的幸福的美事。

庖丁解牛的本事

——請別再「硬碰硬」了

在理論與實踐並重並行的現代社會裡，所謂的「作中學」（在實作中學習）是已然成為現代教育的主軸；然而，自古以來，哲人便有這「做中學」的教育理念，孔子倡導「學而時習之」，老子也感慨他所揭櫫的「道」，其實「甚易知，甚易行」，但世人卻「莫能知，莫能行」，至於莊子更明言「道行之而成」——白話一句：「路是人走出來的」。原來，路在人腳下，而世上的路所以能夠向遠方延展，就是因為我們人自始至終雙腳踏地，彳亍而行，縱然有時候我們難免會駐足停步甚或徘徊不前，竟不知該往何方何處。

而既然將我們生命的重心放在那向四面八方自在延伸的「中道」之上，莊子便邀請了一位已然在「做中學」的自我鍛鍊過程中成就非凡的廚夫——他名喚「庖丁」，來為我們示範他那神奇的功夫：

庖丁一直為國君宰牛，而他宰牛的功夫真是了得：對著那待宰的牛，庖丁果真神勇，他或者用手抓著牛，或者用肩頂著牛，或者用腳踩著牛，或者用膝蓋抵著牛。於是那牛便服服貼貼地匍匐在地，等著庖丁動刀。

（原文：庖丁為文惠君解牛，手之所觸，肩之所倚，足之所履，膝之所踦，砉然嚮然。——〈養生主〉）

這不就是我們和任何外在的事物（甚至包括我們生就的這一副身軀）相遇時，那彼此抗衡以至於相爭互鬥的寫實嗎？

不過，對立只是短暫的，對抗也只是一時的。接著，庖丁便開始施展他的看家本領：

那牛瞬間皮骨裂解，庖丁一刀進去，發出騞然的聲響，竟全然合乎音節，直可媲美湯樂「桑林」的舞曲，又如同堯樂「經首」的節奏。

（原文：奏刀騞然，莫不中音。合於桑林之舞，乃中經首之會。文惠君曰：「嘻，善哉！技蓋至此乎？」庖丁釋刀對曰：「臣之好者道也，進乎技矣……」——〈養生主〉）

這形同一場美妙的獨奏會，那刀是樂器，那牛也是樂器，而庖丁作為一個演奏家，他總是即興創作，即興演出，並沒有固定的曲譜和舞台。

一般而言，殺牛宰牛靠技術，而「解牛」已然是藝術——庖丁又如何能將技術轉入於藝術之境呢？緣由並不難明白，我們就來聽聽庖丁是怎麼說的：

開始宰牛的前三年，我只看到一整隻的牛；而三年以後，我就不再看到整隻牛了，因為現在我是用心神去和牛體接觸，而不是用眼睛看。

同時，我也不再用刀去碰觸牛的骨和肉，而是刀刃進入牛的骨節之間的空隙，這就是所謂的「以無厚入有間」，「無厚」是指刀無比銳利，「有間」指的是牛骨節間的縫隙。因此，我這把刀已經用了十九年，卻還像剛從磨刀石上磨出來一般銳利。

〈原文：始臣之解牛之時，所見無非牛者。三年之後，未嘗見全牛也。方今之時，臣以神遇而不以目視，官知止而神欲行。依乎天理，批大郤，導大窾，因其固然。技經肯綮之未嘗，而況大軱乎！良庖歲更刀，割也；族庖月更刀，折也。今臣之刀十九年矣。所解數千牛矣，而刀刃若新發於硎。彼節者有閒，而刀刃者無厚；以無厚入有閒，恢恢乎其於遊刃必有餘地矣，是以十九年而刀刃若新發於硎。——〈養生主〉〉

確實，走進一般的屠宰場，眼見的是處處血淋淋，而庖丁解牛竟如藝術家一般揮灑自如，祇因他熟諳牛的「自然」之理，且依理順理而入，於是自在地演繹出一場又一場美妙的天地交響之樂。

看來，我們凡事是不能再「硬碰硬」了；而唯有「以無厚入有間」，纔可能「遊刃有餘」，這纔是真自由，真自在。當然，那刃是生命之刃，而「有餘」則是可以無限拓展的生活天地。

如今，現代人執意講究「技轉」，是科技的應用與實用；而如果能夠全心投入藝術的創作，則是已然「心轉」——是心靈的自轉、生命的自轉，其中奧妙，就等我們向庖丁討教了。

原本生活的天地無限廣大，眼前的道路無比開闊，只是我們往往畫地自囚，或者竟把腳下的路越走越窄。在此，且讓我們以庖丁為師，同時聽聽莊子所傳遞的樂觀的信息，而不管是「有間」或是「有餘」，都意謂這世上本來機會無限，資源無窮，就看我們能不能鍛鍊我們的思想銳利如刀，磨礪我們的精神鋒利似劍，來斬斷那橫梗於我們心理意識裡的糾結。

其實，生活的空間是可以由我們靠自己個人的力量來開拓，就看我們有沒有一顆活活潑潑的心，而在迎向世界，邁向未來的路程中，我們顯然不能不隨時隨處轉個彎，順勢地做那及時而有效的閃躲與退讓；因此，所謂「避其鋒芒」，其實是必要的保命之道，只因為「硬碰硬」的結果，往往是悲劇一場。

「籠中鳥」的哀歌

——「足食飽腹」就一定快樂嗎？

如今，一談到如何調養自己的身體，我們幾乎都會同意底下這很基本的看法：

養生首先要先養好身；
而要養好身，就得先衣食無缺，
因為我們這身軀得有足夠的營養，
否則，想要有真正的健康，
便將如緣木求魚，
終究徒勞而無功。

不過，這些觀點是否真的管用？卻仍須我們更周全更深入地來思考來行動。

在此，就讓我們看看莊子是怎麼讓鳥兒們來為我們作具足生命意味的啟示：

水澤裡的野鷄，每走十步，纔能啄到一口食；每走一百步，纔能喝到一口水；雖然覓食如此不易，但是牠並不希望被人畜養在籠子裡，因為被養在籠子裡，雖不用勞神去覓食，也看似神氣得很，但牠其實並不快樂。

（原文：澤雉十步一啄，百步一飲，不蘄畜乎樊中。神雖王，不善也。——〈養生主〉）

看來，性好自由乃與生俱來；也唯有活得自由，纔可能活得快樂。當然，要擁有自由，是一定要付出相對的代價，就像那野鷄為了活得自由自在（至少不用被關在籠子裡），便得付出辛苦覓食的代價，而那「籠中鳥」則可以以逸待勞，坐享主人餵食，但牠失去的可是牠一生的自由和一輩子的快樂。

而我們人呢？從某些方面看來，我們人顯然勝過動物，因為我們人百萬年來已然發展出特殊的文明，也建立了適合我們自己住居的社會——所謂的「生活世界」，真是包羅萬象，千變萬化。而一切人為的努力，正是為了讓我們活得自由，活得快樂——企圖不再被身外世界所制限，而有更大更多更真實而有效又有趣味的自由；也不再被我們人自己生命內在的情感意識以及種種欲求與企圖所阻擾，而能夠活得更快樂更幸福。

表面看來，現代文明與現代社會對除去身外世界對我們的制限與障礙，已然發揮莫大的效力與助力；但對掃蕩我們生命內在的種種負面因子，現代人卻依然有著很大的努力空間。

然而，不管現代文明如何昌盛，現代社會又如何進步，我們要想活得更自由更快樂，最關鍵的因素其實是我們到底能不能好好照料自己這一副身軀，好好省察自己這一顆心，而這其實已是一種智慧、一種涵養、一種生命中不可或缺的本事：

首先，所以說這是一種智慧，是因為在追求知識（特別是專業的知識）以謀生的現實情況裡，不讓自我迷失於名利網絡中，顯然需要我們隨時回頭審視自己，了解自己，而審視自己，了解自己，便是人生珍貴的智慧。

接著，所以說這是一種涵養，是因為在轉運我們自己生命內在無盡的驅動力（它們往往以「欲望」之名，擾得我們心神不寧）的同時，我們是不得不隨時轉心轉念，朝那美好世界挺進，這就是生活正向之力量，而良好的涵養與德行，恰恰可以給我們最佳的心靈資糧。

真的，如果我們經常良心不安，又如何能活得自在，活得快樂？至於說這是一種生命中不可或缺的本事，是因為「戰勝自己，纔是真正的強者」（老子云：「勝人者有力，自勝者強」），而要戰勝自己（主要是要克服心中的妄念與邪念），便不能不具備真正的本事——這就是讓自己更堅強更勇敢更能禁得住誘惑的能力。也許，軟弱不是罪過，但無端軟弱往往會害己害人。

因此，高IQ，是難得的天賦，但高EQ則是可喜可賀的生命裝備；有了好的生命裝備，「自由」便將隨侍在旁，與我們同在，而真正的快樂與幸福也就唾手可得。

是的，讓我們學學莊子「以鳥為師」，也「以鳥為鑑」——其實，我們不都像隻鳥嗎？天空是我們的家，而大地是我們最好的朋友、最貼心最照顧我們的知己。因此，說人人頭頂天，腳立地，並不只是一般性的形容與描繪；就生活的需求和生命的嚮往而言，我們頭上鋪蓋著的是無窮的精神高天，我們腳下延展的是無垠的心靈大地。由此看來，我們這一輩子是注定要和天地相知相惜，相伴相守。

千萬別讓別人為你哭泣
——「死亡」就是那麼回事

活得自由自在，確實是一件幸福的事；

而死得安安穩穩，不也是一樁讓人了無遺憾的「終身」大事？

為了在生與死之間做出美好的聯結，莊子講了一個表面看來稀鬆平常，其實寓含極深道理的故事：

有一個名喚「老聃」的人死了，他的朋友秦失去弔祭，結果秦失竟隨便哭幾聲就出來。老聃的弟子就問秦失：「你不是我老師的朋友嗎？」秦失說：「是的。」老聃的弟子又問：「但是你這樣的弔唁不會太失禮了嗎？」秦失回說：「我這樣弔唁一點也不失禮，原先我以為你老師是一個『至人』，現在纔知道他不是，剛才我進去弔唁，看到有老年人哭他，就如同哭自己的兒子一樣；有年輕人哭他，就如同哭自己的母親一般。由此看來，老聃生前和一般人相處，一定有不求別人讚譽他，但最後卻還是讓別人讚譽他；不求別人哭他，但最後卻還是讓別人哭他的地方，這就已經逃遁了天理，背離了實情，同時也忘了他所稟受的天賦本真，古人把這種違背天理的作為叫做『遁天之刑』。」

〈原文：老聃死，秦失弔之，三號而出。弟子曰：「非夫子之友邪？」曰：「然。」「然則弔焉若此，可乎？」曰：「然。始也吾以為其人也，而今非也。向吾人而弔焉，有老者哭之，如哭其子；少者哭之，如哭其母。彼其所以會之，必有不蘄言而言，不蘄哭而哭者。是遁天倍情，忘其所受，古者謂之遁天之刑。」——〈養生主〉〉

事實上，我們幾乎都難免犯下這「遁天之刑」——而這其實是自作自受，自取其辱，自討苦吃，甚至是自取滅亡。不過，話雖說得如此沉重，如此直率，一旦「死亡」臨頭，又有誰能徹徹底底地無動於衷呢？

看來，莊子的意思應該是希望我們能死得清清白白，死得簡簡單單，死得自自在在，因為「死亡」這一回事，完完全全是一個人的事，而且是自自然然的事，最好不要連累任何人，牽動任何人，而這道理一點也不難懂，衹是人之常情難以割捨，人與人之間的來來往往更是教人無法阻擋。

由此看來，為某人之死而哀悲而哭泣，由此吐露的真切之情可以不必有所壓抑，但莊子認為所謂的「至人」或「真人」，他的道行與修行則已經超越人情世故，超越人為造作，而最終回返天地的懷抱，而因此視生生死死、死死生生的輪轉，乃自自然然的尋常之事。

至於一旦到了生死關頭，一般人大多很難保持鎮靜與冷靜，而在「死別」之後，死亡所發揮的震懾之力道更幾乎全部落在生者身上，特別是那些和過往之人有著密切關係的生者，而在這個時候，那秦失的至理之言便可派上用場，來為我們上一堂真真實實的「生死教育」。

從來，對世人而言，很多事情雖然「合理」卻不一定「合情」，而縱然「合情」也不必然「合理」。至於所謂「合乎情理」，也得看看究竟是合乎什麼「情」，什麼「理」——在莊子眼裡我們的「生」，是應時而生；我們的「死」，則是順理而返；生死之理乃自然之理，而「生死」其實只在來去之間。因此，我們對應生與死的「情」便該是從從容容、和和緩緩、平平靜靜，而如此含蓄且深沉厚重的情，並不是大哭一場或是哀傷逾恆的情緒反應所能表達的。

當然，我們可以認為秦失弔唁老聃，是有些不近人情，不過，莊子卻認為秦失這樣的作法其實貼近天理。由此看來，在人情與天理之間，顯然有可以讓我們做抉擇做決定的自由的空間，一切就看我們對「天理」體認到什麼地步，而我們心靈自由的程度，也同時依我們被「人情」所牽絆的程度而定。看來，我們可以哭，我們也可以不哭，如果哭與不哭都不違逆天理，也不背離人情的話。

而莊子又為何在「庖丁解牛」的精采演出之後，竟將他的關注轉向「生死」這亙古以來任誰都無法逃避的生命課題？其實，在庖丁眼裡，終究沒有那等待被支解的「牛」存在；同理，在秦失眼裡，真實的死亡並無法在哭泣與讚譽二者交錯之間作現場的演出。

因為在「自然」的加持之下，生與死只是自自在在來去一回，就像那花開花落，草綠草枯，或是風生水起，履霜而堅冰至，只是季節的交替與時間的輪轉罷了。而在這寓含生命至理的故事背後，莊子似乎是要我們珍重自己的生，並同時坦然迎向自己的死。如此一來，我們那有限的精神與力氣纔可能得到足夠的撫慰與充分的滋養，而這不也就是我們生命自我反饋過程中不間歇的精神療癒？

顯然，我們那與生俱來的精、神、氣、力以及百種「思」、千種「念」與萬種「情」，在在是我們小小生命裡不容輕忽的自療、自治、自癒、自生、自長以至於自保自存的珍貴資源。而如何善用這些「用之不竭，取之不盡」的天賜的寶物，來從事這標榜「養生主」的終身志業，來讓我們這一生有個「主」——這主便是我們的精神與力氣，這顯然需要我們向那神乎其技的庖丁，向那性好自由的野鷄，同時也向那洞明天地自然道與人性自在之理的秦失，不間斷地討教，並努力地學，努力地修，努力地做——這不也就是「精神療癒」的真功夫、真實踐、真修行嗎？

醫門多疾

——我們真的都是「病人」嗎？

想莊子存活的年代，應不會有如同今日車水馬龍、人聲鼎沸的大醫院等著「病人」上門，但莊子竟能說出「醫門多疾」這句很寫實的話，他似乎預見現代大醫院的真實情景。由此可見，縱然社會在進步，文明在發展，但人身的需求、人心的想念和人性的表現，卻往往古今無殊，而且多的是巧合，多的是不可思議的反覆與重複。

當然，「醫門多疾」其實另有深意，而它作為一個具有現實意義的譬喻，應是在暗示這世上多的是「一對寶」，多的是「兩人行」，多的是「無巧不成雙」。而在對立、對偶，以至於相互對應的情況中，所謂「關係」就成了一個具關鍵性的變數，而關係是會改變會發展的。就以醫生和病人這看似對立的雙方為例，當他們原本互不相識且沒有來往的時候，醫是醫，病是病，二者全然不相干；但一旦病人找上了醫生，醫生也接納了病人，所謂「醫病關係」就發生了，就成立了。如此一來，醫生和病人就不再只是對立的雙方，而是彼此對應以至於相應相和的兩種共存共在的身份，他們於是不再對立，不再爭執，而是必須相互合作，相互配合的一對「佳偶」——這樣的關係已然不是一般的利害的關係，而是互惠、互助、互相關照的倫理連結。

確實，世上如果沒病人，又何來醫生？而若醫生不現身，許多病人便幾乎都得「等死」。這道理十分明白，只是如今在醫院的門裡門外，仍難免出現一些緊張，甚至某些衝突。也許，莊子簡單一句「醫門多疾」，並不只在做一項表面的描繪，而是在揭露這「人間世」裡人人相依共存的真相，而這也就同時勾勒出我們已然置身其中的「生命共同體」——其實，這不是什麼大道理，也不需用大學問去探究，而只要我們彼此對看一眼，相互注視一下，而警覺對方實際而真實的存在，縱然在吵雜與喧囂之中，我們仍然能夠在諸多機械與儀器環伺之下，發現真實的人，發現真實的關愛之情與體貼之意——不管你是醫生或是病人，處境其實相差不多，何況大家都擠在「生老病死」這艘大船上，正準備一起渡過茫茫無涯岸的生死大海。

實際上，莊子應還另有一層意思：他認為「治國如治病」，治國者君，君必須如醫者視病猶親，視民如親，把所有的人都當作是那急急趕到醫院門口的病人，他們一心只為求醫，而治病者醫，醫生的天職恰恰是治病助人，他們治的是病更是人。由此看來，任何掌握權力者的責任不就在待民如親以進而幫助所有的人免除急難苦痛？

此外，既然「醫門多疾」，便需「多醫」以照料「多疾」；然而，莊子應更盼望這世上「無醫無疾」，人人無病無災也無難。其實，祇要我們能夠做自己生命的良醫，所謂「醫門」大概就不必多所開張了，而我們雖然都可能生病，都可能以「病人」這個身分走進「醫門」，但我們也仍然可以都是一個個健健康康的人，祇要我們能夠一方面「養生」，又一方面「養病」；養生幾乎全靠自己，而養病就不能不仰賴醫生和藥物。

其實，那「醫門」本為每一個人而開，而良醫也不會無端拒絕任何一個有病之人。因此，有病是變數，而沒病則理當是常數——這意思是要我們不要一旦生病就終日悲怨，一旦康復就得意忘形。在有病與沒病的一段段間隔裡，我們是大可活得健康，活得自在，活得快樂。

也許，我們是寧可有病而因此能夠真正理解健康的真諦，而不應該在沒病的時候竟大意地傷損自己寶貴的身體以及脆弱柔軟的心靈；原來醫病雙方必須共同合作的美好關係，恰正是我們既養生又養病的最可靠的保單。

第四篇／

人間之世——

人間自有情義與道義，而當情義與道義一旦擔上了肩，

我們便不得鬆懈，更無法卸責。

也難怪那些上了年紀的人大多越來越使不上腿勁與腳力。

原來，是那重擔壓垮了我們這一身，

甚至擠壞了一顆顆心。

哎！「人道之患」竟如此嚴重，如此劇烈！

如此地教我們難以消受！

看來，我們是得在這人間世裡，

持續地用力探入「道德智慧」的底層，

好好來暢飲那可以讓人「還神」與「回春」的活泉。

爭名鬥巧有礙健康
——安身良方不難求

人生時時有吉兆，祇要我們用心便可輕易發現；而人間處處有凶器，卻有不少人不覺也不察，甚至誤認它們是懷身之寶。於是莊子發出如此的警訊：

世人的德行所以敗壞，祇因他們好名爭名；
而許多人耗盡心思，用盡智巧，則是為了爭勝逞強。
原來，名聲是人們相互傾軋相互迫害的緣由，
而智巧則是人們求利爭利的工具，
這兩樣東西都是極不祥的人間凶器。

〈原文：德蕩乎名，知出乎爭。名也者，相札也；知也者，爭之器也。二者凶器，非所以盡行也。——〈人間世〉〉

一般而言，名聲是虛的，而智巧卻有它實際的作用；在這虛虛實實之間，我們一直來來回回，走走停停，甚至一路搖擺於其間。也就是說，我們或者被虛名所誘惑，或者熱中於弄巧炫智，而企圖做所謂的「聰明人」，在社會的各個階層之中向上攀爬。

其實，「名」和「知」原本是中性之物；而追根究底，它們都是人類文明發展的結果，雖然表面看來，「名」乃身外之物，而「知」則是人們可以一直擺放在腦海裡的東西。因此，如果有某種「實」而後有某種「名」，這「名」便順理而成章；同理，倘若我們單憑好奇之心的催使，而對周遭的一切有了純然的認知與理解，這也應不是什麼壞事。

看來，莊子所以感歎「德蕩乎名，知出乎爭」，其中問題的癥結幾乎全都在人心裡——祇因為我們好名爭名，祇因為我們弄巧炫智以至於技倆全出，心機耍盡。原來，只要不求不爭，「名」就像浮雲來去；只要不玩弄不炫耀，所有人間的知識不就形同那道道光、陣陣風，讓我們眼底有了色采，也讓我們這一身可以舒舒服服地在風裡走動，甚至逆風而行，順風而下。當然，我們仍得隨機而動，順勢而前，避開那強光與強風，以免無端遭受災殃。

是有個和「名利」相關的故事一直在我們中間流傳：

話說清帝國的乾隆皇帝下江南，有一天來到長江邊上，看到江中船來船往，絡繹不絕，皇帝便好奇地問旁邊的人：「江上那些船裡到底都裝載些什麼？」有個人立刻回道：「只有兩樣，一樣是『名』，一樣是『利』。」

這故事很寫實，而話說得很直白；然而，不管是為名而來，或是為利而往，來來往往的其實不是什麼特定的人，而是我們自己。

其實，凡事幾乎都由「我」而起，由「我」而生；也幾乎都由「我」而落，由「我」而滅。而在起起落落，生生滅滅之間，我們竟然可以玩出種種把戲，變出種種花樣。因此，祇要「我」有所改變——改變自己的觀念，改變自己的心態，改變自己對這世間這世界的看法和作法。如此一來，縱然被名與利包圍，被知識和巧技纏身，被種種時尚、種種流行、種種生活的節目擾得眼花撩亂，甚至心神蕩漾，我們是依舊可以安然自在地守著自己，守著那穩固如磐石的小小的生命基地——就是我們那無可替代無可離棄的方寸之地。

一眼望去，世界是那麼廣大，社會是那麼複雜，人類的未來是那麼不可逆料，而「我」呢？古人一句：「萬人如海一身藏」，我們這一身可是無比珍貴，也無可替代，而且蘊藏著無可磨滅的價值。而我們這一顆心又豈止有情有意，能思能想？情意和思想原本是生命至寶，祇是我經常誤用了它們，甚至讓它們彼此糾結不清，而無法釀造出生活的養分。

當然，坐困愁城是因為情意找不到適當的出口，而坐井觀天、作繭自縛以至於夜郎自大，則是思想走入了不再有前途前景的死胡同。看來，安身得先安心，而要鋪展開安心之道，就必須在情意初動，思想萌芽之際，及時打下厚厚實實的基石——這基石不是別的，它就是那真真實實的我、如假包換的我，可以讓我們自己一輩子倚靠的我。

「善聽」是一種藝術
——我們能夠「無所不聽」嗎？

本來，情意是生活坐標的中軸，而我們都希望能夠活在一個有情有意的人世間，而說某人無情無意，幾乎都是十足的針砭之辭。因此，我們顯然必須善用「情意」這個管道、這個平台。管道用來溝通，平台用來合作——讓情意在你我來往之際自在流動，應是一件很美好的事。親子之間的天性之情，是那麼自然！那麼感人；情人之間的摯愛之意，是那麼熾烈！那麼動人；而他們雙雙對對，自是溝通無礙，交流無阻。由此看來，是先動了真情，而後纔生出真意，而真意在真情中現身，恰似礦裡結晶，水面波光，是那麼寶貴！那麼教人珍惜！

如今，在凝聚眾人共識的公共場域中，我們則必須放眼四面，耳聽八方，而這顆心更是得向周遭的一切敞開。因此，在個體與群體之間，我們必須劃定合情合理合法的界限，讓我們都能夠為己又為人，為私又為公，如此的生活規範其實是在保障我們生命的安全，並維護我們身心的健康。設想，一旦人來又人往，來來往往的過程中，總會導致摩擦、推擠、碰撞，甚至諸多無來由的衝突與爭鬥。如此一來，我們怎麼還可能活得自在又快活嗎？

當然，莊子並不直接介入攸關「群己權界」的社會問題或政治課題，他祇是要我們審視自己究竟應如何用心地對待周遭所有的人，而用心自然會動情，既已動了情也必然會生出種種思惟、種種作為來。由此看來，我們的耳目感官和思考活動，是必須在人己之間與公私之際，做出合情合理（「合法」的問題暫時不必多慮）的清楚的分判。

因此，在人己之間與公私之際，我們最先要關注的便是我們這向四面八方的種種信息敞開的耳朵，究竟該如何去聽，如何去接納這個世界。在此，且讓我們聽聽莊子對這「善聽之道」的高見吧！

你要專心一志，
不要用耳朵聽，要用心去聽；
若再進一步，你不要用心去聽，
要用氣去聽。
用耳朵聽，你只能聽見那些沒有多大意思的聲音；
而用心去聽，也只能讓你察覺到天地變化的現象。
唯有氣是空虛的，
因為是空虛的，所以纔容得下天地萬物，
纔能讓我們無所不聽，甚至「聽無所聽」，
這就是「道」。
「道」存在於虛空之境，
而這「虛」的境界，
就是所謂的「心齋」。

（原文：若一志，無聽之以耳而聽之以心，無聽之以心而聽之以氣。聽止於耳，心止於符。氣也者，虛而待物者也。唯道集虛，虛者，心齋也。——〈人間世〉）

這話說得奇，說得妙，更說得玄。原來，我們的聽覺竟可以如此地超乎想像，超乎我們生理官能與心理意識的限制，而終進入「無所聽」同時「無所不聽」的境界——或者由「無所聽」到「無所不聽」，或者由「無所不聽」到「無所聽」，作為「聽者」的我們其實都享有真正的「聽」的自由。

而實際上，我們可以選擇性地聽或者不聽。如此一來，我們對「聽覺」便可以重新定義，對音聲與信息也可以重新理解，而當人間真實的情意，或順向或逆向地來回遊走於人我之間，一切刺耳的音訊終將銷聲匿跡。孔子自云「六十而耳順」，其中道理實在不難明白。

或許，含情脈脈以至於言不盡意而因此默默無語，由此而入於寂然無聲的靜謐與安詳，正恰似那厚厚實實的大氣層始終保護著我們這脆弱的身軀，而我們軟弱的心靈，不也正需要這由「虛極靜篤」之道所營造出來的精神的大氣層穩穩守護？

失敗傷心，而成功傷身？

——「人道之患」為什麼可怕？

論究「成功」或「成功之道」，似乎已經是老生常談，無甚新義。不過，在這「是非成敗」很難「轉頭空」的年代，我們顯然仍有必要來一起思考「成敗」真正的意義。

一般而言，「成敗」的意義是至少可以從兩個面向來追究：一是過程，一是結果；而過程和結果是相互牽連的。也就是說，先經過什麼樣的過程，而後出現了什麼樣的結果，顯然有跡可尋，有理可說。然而，事實上，看似同樣的過程，往往可能出現不同的結果，而教人難以理解，難以承受。特別是在以「成敗」論輸贏，用「得失」計禍福的主觀願望催使之下，我們總是一廂情願地希求成功，而一味地迴避失敗。於是我們便無法承受那些不符合我們期待或者不符合社會觀感的結果，而竟不去檢討為何過程和結果之間會無端出現無來由的斷裂，甚至一些教我們難以理解的情事。

不過，如果以「過程」來看待自己的努力和付出，那些被世人以「成敗」來評斷的所謂「結果」便終究不會無端擾動我們的心情；反之，若我們執意用「結果」來論斷自己所擁有的能力，甚至用來評定自己存在的價值，而竟忘了自己已然實實在在地努力和付出，那麼在「事與願違」或者「情非得已」的情況下，成敗、輸贏、得失與禍福等等對反思考是可能讓我們落入十分難堪的心境。對這些人生潛在的變數，莊子顯然已了然於胸，並自有其對策：

世上之事，無論大小，幾乎都會招來禍害；而無論事情成不成功，都一樣會有不好的結果。如果事情不成功，必然會有「人道之患」，而我們也便因此遭到懲罰；如果事情成功了，則必定會有「陰陽之患」，甚至導致我們積勞成疾。世上是只有有德之人，纔可能免於禍患。

（原文：寡不道以懽成。事若不成，則必有人道之患；事若成，則必有陰陽之患。若成若不成而無後患者，唯有德者能之。──〈人間世〉）

哎！莊子竟然出了這一道讓我們左右為難的選擇題，而不管我們怎麼選擇，結果竟然幾乎一樣，一樣地不好，一樣地不符合我們的主觀期待，而這就是所謂的「兩難命題」──它讓我們兩面為難，進退維谷，而終究不得不坦然面對任何一種選擇的結果。如此一來，所謂「或成或敗」、「或輸或贏」、「或得或失」、「或福或禍」的兩面評價，似乎就是教人無法逃脫的結局了。

顯然，莊子說出了人間真相。表面看來，莊子是有些過於悲觀。他說失敗會遭致懲罰，而成功會導致傷身，但事實卻不一定如此悲慘，何況失敗並不必然損己損人，而成功則可能暫時出現利己利人的歡喜場面。

不過，莊子總是究竟地思考，而從根柢處來看事情，尤其是在一般人在企求成功而不願失敗的心理主使之下，往往欠缺如此的「遠慮」而因而引來諸多「近憂」的現實境況中，莊子教我們冷靜看待成敗的後果，而不把「成敗」的算計擱在心頭，可見莊子身在人間，他的心也在人間，他對人情世故的通達與練達，已然不在話下。

原來，「是非成敗」所以能夠「轉頭空」，是因為我們能夠回心轉念，能夠不把「是非成敗」一直懸掛在心上——而這正是我們所必須養成的一種器識、一種襟懷、一種涵養、一種真真實實的心地功夫。

記得有人曾說：「失敗傷心而成功傷身」。其實，兩者都可以不傷心也不傷身，就看我們怎麼跳脫「成敗」、「輸贏」與「得失」、「利害」的牽掛與算計，而所謂「陰陽之患」，幾乎都是可以醫治的，至於「人道之患」，就得看我們是如何地去處理人情世故，又如何地去解開人情糾葛；而莊子這冷靜且篤定的跳脫兩難的思考與態度，不正可以發揮特效嗎？

情義長在人間

——誰能斷絕「父子關係」？

活在人間，我們首要任務，甚至是唯一的任務，就是「做人」。這話說得明白，也道得真切。「做人」確實是我們每個人終其一生都必須全力以赴的事，至於去從事什麼樣的職業，去參與什麼樣的活動，或者去認識什麼樣的人，去閱讀什麼樣的書，去什麼樣的地方玩樂，則是次要甚至是無關緊要的生活項目。

而所謂「始終」、「本末」、「先後」、「緩急」、「輕重」、「表裡」……，人人朗朗上口，但又有幾人了解其中道理以及其中所蘊含的趣味？不過，我們應該可以輕易地肯定：「做人」是始也是終，是本也是末，是先也是後，是緩也是急，是輕也是重，是表也是裡……，理由無它，祇因為我們生就一個人，就是要來成為一個人，做好一個人，這話雖然說得有些空泛，但一句「好好做人」，卻仍然隨時可以聽得見，而且一點也不老掉牙。祇是「怎麼做人」這個課題，如今已然是具體的生活課題，它所涉及的範圍相當寬廣，而且相關的思考和作為也相當多樣化、多元化，譬如我們個人的身分認定與角色扮演，便往往必須隨周遭境遇而有所調整，有所更改——在家庭裡，是理當有嚴父慈母；但一旦進入社會網絡，這「嚴父」或許已變身為必須卑躬屈膝的服務員，而那「慈母」也許竟化身為戲台上的小丑，不得不跟著戲碼裝瘋賣傻。但無論如何，「做人」的兩個主軸：一是情，一是義，終究是我們一生的庇護和依靠。由此看來，莊子如此極力發揚天性至親之情以及人間普遍之義，是確實有他深沉的用心：

人間有兩個基本的法則：
一是命，一是義；
世上為人子女的懂得愛自己的父母，
這自是「命」——此乃天性使然，

而這早就固結於我們內心，
是無論如何卸除不了的。
至於世上為人臣屬的服事自己的君主，
則是所謂的「義」——此乃人人應盡之責任，
而無論何時何地，我們都得接受君主的統領，
這可是我們活在世上無可逃避的，
人生兩大律則。

（原文：天下有大戒二：其一，命也；其一，義也。子之愛親，命也，不可解於心；臣之事君，義也，無適而非君也，無所逃於天地之間，是之謂大戒。——〈人間世〉）

顯然，命和義是人間倫理網絡的兩根大繩，它們排定了我們最基本的人際關係；縱然如今已少有專制之君主，但這「義」所延伸出來的主從關

係仍遍及生活的各個角落。而若把「命」與「義」分開來看，「命」是生就我們的血緣關係的樞紐，它是我們生命的磐石——親子之愛，不正是我們得以保身養身的原初的豐盛滋養？而「義」則是一切非血緣關係的核心，更是支撐整個人間於不墜的所謂的「責任倫理」，而它遍及整個人的世界，不也正是讓我們生命免於恐懼，免於威脅，免於種種傷害與危險的安全網絡？

在此，且讓我們一起來做一些切身的反省。想想看，我們的父母疼我們，我們愛我們的父母，是那麼自然，一點也不勉強，而且一輩子都不改不變，這「命」，這與生俱來的本性，因有「愛」，而有了深遠無垠、醇厚無限的意趣。而人間道義則無所不在，無遠弗屆，這「義」消解了各式權力的束縛與宰制，終讓上上下下、左左右右以至於縱橫交錯的人間道路無比順暢，讓我們走在上面，可以自由自在，瀟瀟灑灑地來來回回——這是何等美好的人文風景呀！而如今那些發號施令者哪裡去了？看來，那些板著臉孔的說教者應該早已下台，而到處去遊歷去增長見識了。

真的，道德可以防身，而倫理足以養生，是一點也不假。回想孩提之時，或者緊貼在慈母溫熱的胸膛，或者被嚴父牽著小手走在回家的路上，這可是極其有趣且有效的「記憶療癒」，它幾乎掃盡了一切得失之心與成敗輸贏的算計，而讓我們長保一顆單單純純的「赤子之心」。至於那普遍之義則一舉卸除權力的枷鎖，讓我們共同承擔責任，並彼此信守規範，而因此坦坦蕩蕩，心定而氣閒，終不再躲躲閃閃，不再鬼鬼祟祟，這不正是事半功倍的人文療癒和社會療癒？看來，「父子關係」絕不只是法律名詞，而那上司和下屬之間何嘗對立？何必緊張？又何必老是對抗？

第五篇／

真人之身——

「真人」自有「真身」，但「真身」卻肉眼難得見；

而世上又有誰能一直擁有完好無缺的身軀？

如果真的有真人，他的身軀又如何能夠永遠金剛不壞？

或許，真人已無身，更無心無意亦無情，

他有的只是不會被傷害被挫敗被毀壞的真生命。

看來，我們只要能保有一份天真、一種素樸，

以及一張張不必簽名蓋印的生活清單，

就可以活得真實，活得實在，

活得健健康康，快快樂樂。

「無用之用」的奧妙

——「生命本無價」的真諦何在？

斷言我們這一身本無價，應該不必敘明理由，更不須貼上標籤。不過，如果我們老是存著「待價而沽」的念頭，等著被注意，被了解，被肯定，甚至被重視，被重用，那麼我們就很可能會一直覺得不自在，甚至不快活，祇因為我們這個既唯一又無可替換的「我」竟因此出現了兩個對立面：一個是別人看不見的，也是不希望別人看見的；一個則是別人看得見的，也是希望別人看見的。而這兩個「我」經常會面，也經常吵！經常爭辯——爭辯的是：「到底『我』是無價的？還是有一定的身價可以被估量被推定？」基本上，那不希望人們認識的「我」始終堅持「身價本無價」，而那總是希望被看見被發現被抬舉出來的「我」卻老是斤斤計較，老是打量著：自己到底「值」多少？自己究竟可以上什麼檯面？又究竟能夠得到多少掌聲、多少回報？

而莊子呢？莊子對這些和「自我」密切相關的問題，總是輕鬆看待，甚至淡然處之，泰然自若，而想像力豐富的他，為了回應這些問題，便隨手向大自然取材，而直接做了這樣的比方：

山裡的樹長大成材，
便被拿來做成斧柄，
反過來砍傷自己。
膏油易燃，但它一旦引燃，
結果是自己煎熬自己。
同樣的道理，
桂樹可以食用，
於是一再地被砍伐，
漆樹的汁液可以被利用，

所以一再遭到利刀切割，

世上的人都知道「有用」的用處，

卻從來不知道「無用」其實大大有用。

（原文：山木自寇也，膏火自煎也。桂可食，故伐之；漆可用，故割之。人皆知有用之用，而莫知無用之用也。——〈人間世〉）

看來，我們最大的敵人是那個「自己」，那個被稱作是「我」的傢伙——「傢伙」是暱稱，卻也帶著一點輕蔑甚至嫌惡的意味。確實，有時候，我們會覺得和自己很親；有時候，卻覺得和自己越來越疏遠，而竟看輕自己，甚至厭惡自己。哎！我們本不該為難自己，只是我們往往身不由己，往往像那棵成材的大樹，那盞發光發熱的油燈，那可食用的桂樹以及那會流出汁液的漆樹，最後都落入同樣悲慘的境遇，只因自己成材，只因自己有用，而終被利用而遭到傷害。

如此一來，我們又該怎麼讓自己在這「無用之用」的自由思考中自在過活？這看來似乎有些抽象，有點離現實過遠；可是事實上，我們仍然有很多機會、很多資源，可以讓我們在生活的周遭，好好地享受自己的一切，譬如那些可以讓我們忘卻白日辛勞的夜晚，那些可以讓我們遠離喧囂的樂音，以及那些可以讓我們不再被名利枷鎖牢牢困住的想像力和創造力，總是為我們帶來無比的歡愉、無限喜悅。

如今，我們是大有機會做自己的主人，也同時擁有許多屬於心靈和精神的資源，可以讓我們不再做感官的跟班，也不再做科技的奴隸，祇因為我們確信「有用」僅僅只是「有用」，僅僅只能滿足我們種種的欲求與需求；而「無用」則意謂著一種開放的心態，它蘊藏著「解脫」甚至是「超脫」的力量，讓我們可以視「名利」為無物，並因此超然地站在生命自主而獨立的高台之上，冷靜而深刻地去了解我們所以會遭到苦痛、災難以及種種威脅與危害的真實原因，而設法避開，或者想辦法予以澈底滅除。

由此看來，莊子從「有用」到「無用」，從而肯定「無用之用」，他走的並不是消極的路，當然也就不必去涉入所謂的「積極」思考。他只是不斷地回歸自然的懷抱，而一再地揚棄人為造作的想法和作法。最後，莊子真正的目的是要我們像一棵大樹挺立在無邊無際的原野之中，或者像一道溪河，從發源之地一路奔流到海，所有的阻礙、所有的干擾、所有的風風雨雨，終究只是這原原本本、實實在在、自自然然的生命成長及其含藏的力道展現，所必經的一段段過程而已。

總之，「有用之用」激揚我們的生活意志，而「無用之用」則安撫我們內在的心靈；「有用」是我們成長的誘因，它要我們學習，要我們奮鬥，而「無用之用」則是我們生活的錨碇，它要我們休息，要我們靜心定神地切實進行自我省察與自我觀照，而因此安頓在那生命本無價而生活終究無計可施的心靈深處。

受刑入獄乃尋常之事

——哪裡找「不殘不障」的人？

一般而言，犯法纔受刑，有罪方入獄。但是，在這天地自然層層包圍、重重保護之下，我們人似乎同時具有兩種身分：一方面，我們彷彿是純真無邪的幼嬰，全賴自然的哺育與餵養；另一面，我們卻像個到處搞破壞的頑童，無端地耗盡這天地有限的資源。當然，我們都虔心祝願幼嬰長大，自自然然地長大，而我們也都衷心盼望頑童改過向善，在這或者清風輕拂，或者暴雨咆哮，或者陰晴不定、冷熱無常的天地之中，接受一輩子的教養和試煉。

不過，天地並不是教養之所，自然也未曾設置獎賞和懲罰的機制。祇是我們總是畫地自囚，作繭自縛，竟把自己當作是個人犯，成天幻想那似真似假的「自由」——當然，我們的生命裡，是真的有如假包換的自由，如果我們不再自囚自縛、自我禁錮的話。不過，這世上是從來沒有出現過一個完好無缺的人，除非我們能夠為「完好無缺」這個理想作模定型，而終讓那所謂「模型」成形成真。

因此，莊子是一方面洞悉我們人自囚自縛，以至於自作孽的負面心態，一方面則相當地理解「完美主義」並不能被苛責，而所謂「殘障人士」其實無所不在。於是，莊子請出「殘障人士」來現身說法——說有一個遭刑戮，被斷腳的更新人，名喚申徒嘉，他和有名的鄭國首相子產是同門師兄弟。但是位高權重的子產不僅瞧不起斷腳的申徒嘉，還在他面前誇耀自己的功勞和德行。於是申徒嘉就對子產上了一堂很特別的倫理學的課，對所謂的「道德」提出很另類的看法：

> 世上會自個兒訴說自己犯了什麼過錯，而因此自以為不應該遭到刑戮甚至被斷腳的人實在不少；但是會默認自己確實犯了過錯，而因此自認為不該保全雙腳，不該免於刑戮的人卻不多見。由此看來，知道並

理解自己所以會落入如此悲慘的遭遇和處境，實乃無可奈何之事，而因此安心順命。能夠有這樣修養的，看來祇有那真正有道德的人纔做得到。

（原文：自狀其過以不當亡者眾，不狀其過以不當存者寡。知不可奈何而安之若命，唯有德者能之。——〈人間世〉）

接著，申徒嘉不客氣地批評師兄弟子產有辱師門，因為子產的德行和他們的老師——伯皆無能相比，實在差遠了。申徒嘉還說他自己和老師相處十九年，老師從來不覺得他是個斷腳的人，而子產竟只憑這殘缺的形軀來評斷他。不過，後來子產在申徒嘉面前坦然認錯，還算有點自知之明。

本來，憑外在形貌來論斷人，不僅不準確，而且還可能造成人與人之間種種的誤解。俗話說：「交友要交心」，而「心」在哪兒？「心」就在那能穿透外貌的眼底，就在那能理解別人，寬待別人，包容別人的好與不好、善與不善、美與不美的寬大的胸懷裡。而這樣的用心和存心，其實已經是一種難能可貴的美德。

事實上，這世上有些人所以會受刑，所以會入獄，原因不難明白。但他們在受完刑，出了獄之後，成了所謂「更生人」，卻不一定能馬上被社會接納而有「更生」的機會。不過，如果那申徒嘉因為犯法而遭刖刑，因此被斷了腳，而他仍甘之若飴，甚至不認為斷腳是一種殘缺，那麼我們應可斷言申徒嘉已然是一個道道地地的更生人，因為他「形殘而心不殘」，而他的心也應已全然更生。至於他之所以能夠心不殘，只因為他全然接受了懲罰，接受這人間律法嚴正地施用在他身上。此外，我們如果站在莊子的生命高度上，回首俯瞰這人間，一眼便可看見世上是有不少人「形全而德不全」，而他們往往只是暫時地「逍遙法外」，卻一直無法得到真真實實的自由。

至於天地自然本就有它的律法律則嗎？有的，這律則叫做「自然律」，天地萬物所以自然生，自然滅，自然成，自然毀，就因為依循此一自然律而有了生滅與成毀，以及一切的變與不變。而我們生活在這自然律的規範之下，這天地便彷彿是一座看不見高牆的大監獄，任誰都逃脫不了，任誰都得接受它的監禁與看管，而我們不都成了受刑人？原來，對莊子而言，受這天地之刑和自然之罰，乃是我們生命莫可奈何的定數，它並非羞於見人之事，只因為我們的生命隨時可以更新，也隨處有嶄新的機會可以讓我們重新做人，除非我們無法坦然接受這可以好好過一生的刑，以及這必須付出一輩子的時間來努力做人的罰——當然，這不算是刑，也不算是罰，祇要我們心胸坦蕩，目光燦然，而始終照亮這周遭的暗黑，並樂於與眾人為伴，和萬物為伍，如此一來，這天地大牢變成百花齊放，千鳥爭鳴，萬人同樂的美麗大園林？

「與物為春」，人生有冬天嗎？

——天真之人纔有真喜悅真歡樂

有個大學生，因為遇到學業上的挫折，竟想跳樓自盡，以為讓自己在這世上消失，就可以一了百了。還有一個年輕女孩，因為愛人變了心，移情別戀，而讓她心理不平，心緒不寧，導致成天抑鬱寡歡。

哎！這兩個外表看起來非常陽光的年輕人，彷彿已走到他們人生的冬天。然而，事實上，他們還身在人生的春天，還活在春光明媚的生命季節。是的，他們最大的財富是他們仍然擁有希望，而希望無價，希望無償，希望不惱人，不擾人，希望只是讓人發現眼前有光，心裡有景，而因此一步一腳印，步步邁向那生命美好的所在。

而生命美好的所在，並不一定在人生旅途的終點。特別在這充斥著「無常」的人世間，小變化如家常便飯，而大變化竟似那無可迴避的暴風疾雨，教人來不及做好萬全的準備——特別是心理的準備，因為它需要更多的生命裝備，譬如一種開通的念頭、一股無所畏懼的力氣，以及一陣突如其來的創意和無可限量的想像力。

了然於「無常」的莊子，在告訴我們「知其不可奈何而安之若命」之後，他還是自個兒像獨白一般，說出了一番大道理：

死、生、得、失、窮、達、富、賢與不賢，以至於毀、譽、飢、渴、寒、暑，都是天地間事物的變化，也都是天命自在的流行；而白晝與黑夜輪轉交替，又有誰能探知那輪轉交替的開端在哪裡？因此，如果我們能了解這變化所蘊含的道理，那麼一切的窮、達、壽、夭的變化便將無法擾亂我們平靜安定的心靈，而這其中自有所謂的純和之氣，讓我們長保天真愉悅的心情，如日夜交替輪轉，暢行無阻，而順應自然之道，我們也就將永保那如春天般和煦而歡愉的喜氣，這正是所謂的「才全」——保全我們真實的本性，而終回歸無心而自然的境界。

（原文：死生存亡，窮達貧富，賢與不肖毀譽，飢渴寒暑，是事之變，命之行也；日夜相代乎前，而知不能規乎其始者也。故不足以滑和，不可入於靈府。使之和豫，通而不失於兌；使日夜無郤，而與物為春，是接而生時於心者也。是之謂才全。——〈德充符〉）

原來，祇要我們與萬物同在，同在於天與地之間，便是莫大的福分。莊子一句「與物為春」，傳遞的是千真萬確的喜訊——是生命的喜訊，是心靈的喜訊，更是屬於所有真實存在者的喜訊。而不管自身生命和周遭環境怎麼變化，祇要我們能夠確認自己真真實實地活在天地之中，便是莫大的福分和喜訊——這不一定要由上天的使者傳播，這是我們每一個人回到自己的內心便可聽見的真真實實的信息。

天性純真，內心平靜，乃人生之至善與至福，這話其實一點也不空洞。想想活在世上，每一個人都必須步上曲折蜿蜒的道路，都得面對生命中各種始料未及的事故與變故——死、生、得、失、窮、達、壽、夭、賢與不賢，都是我們走在這道路上極其現實的遭遇，也是無法全然豁免的事故與變故。譬如我們小時候讀書或許曾經名列前茅，於是認為自己真的「賢」且有「能」，而自此沾沾自喜。但是，長大之後，由於有了多樣的興趣，而因此和書本越來越疏遠，成績於是越來越差，越來越覺得自己當不起「賢」這個名號，而如此每況俞下的遭遇或許是本性自然，或許是習性使然，本來無可厚非，但在「賢與不賢」的優劣對比之間，如果我們竟失落在自怨自艾自歎的情緒裡而無以自拔，最後，我們失去的將不只是那些我們的能力所可能得到的，我們更重大的損失是我們與生俱來的純真、厚重、樸實與良善的天性。

說某人不知變通，往往是一句有著苛責意味的重話；但反省自己所曾經歷的成長過程，特別是在成敗、得失、窮達以及賢與不賢、有能與無能等對比與對照之間，自己是如何踏踏實實地走過來，纔理當是我們必須全心全力去學習的生命功課。因此，一句「與物為春」，說得多灑脫！而肯定天真之人纔能真正領略人生真實的滋味，也纔懂得生命裡真實的喜樂與苦痛，然後在清明的自我覺察中，視生命的變化為自然之現象，並且甘願順從天地本有的律則，而在成敗、得失與禍福交替的歷程中，安靜而篤定地接納世上一切的變化。如此一來，休管四季輪替，我們生命的春天不都將永遠停駐在我們那靈光閃爍的心頭？

「天鬻」是天賜良方
——「社會化」為什麼有壞處？

在達爾文的進化論被斷定並無法全般套用在人類社會的發展過程之後，當代的有智之士於是想出各種為人類做自我救治和自我療癒的辦法。譬如在科技當道、工商盤據的這個時候，我們也同時設法在人文知識、人文素養和人文精神的鍛鍊上用功——或者暫時放下工作，來一趟充滿美感的藝術之旅；或者為所有必須按時上下班的人們，增加休假與休閒的時間和機會；或者在人定勝天的力道全面揮灑之際，轉向超乎功利與效益的思考與行動，以便讓我們能夠有些短暫的片刻不用去關心什麼，不用去熱中什麼。

在莊子的時代，並沒有所謂的「科技」，工商活動也剛在學步的階段。但莊子卻已意識到知識、契約、技術，以至於人與人來往的一些道德倫理規範，都可能淪為對生命有損，對人格有傷，甚至對整個社會文化有害的負面的人為造作，因此他發出底下的警世之語：

聖人全心志在逍遙，於是他把知識（或是「智巧」）看作是釀致禍害的孽根，把人與人之間的約定（或是「契約」）看作是固著人際關係的膠漆，把道德看作是人與人相互交往接觸的工具，而同時把工藝技術當成通商求利的手段。因此，由於聖人不須算計謀慮，他何需運用智巧？不須斧斲，又何必使用膠漆？而且聖人根本不會有所謂「失」，又何必用「道德」去「得」到什麼？他也不求貨求利，又哪裡需要去經商去做什麼買賣？

（原文：故聖人有所遊，而知為孽，約為膠，德為接，工為商。聖人不謀，惡用知？不斲，惡用膠？無喪，惡用德？不貨，惡用商？四者，天鬻也。——〈德充符〉）

莊子真有先見之明，他彷彿已預見現代的人類社會可能發生的問題。本來，知識、契約、道德和工藝技術這四樣乃人間寶物，莊子甚至認為它們是上天賜給我們的天然的米糧，因此稱它們是「天鬻」。但不幸的是我們竟然被聖人言中，而將知識變作孽根，把契約（約定）當作膠漆，於是道德竟淪為工具，工藝技術則成了牟利的手段，這四樣寶因此都變了質，而且都對我們人生造成難以彌補的負面作用。如今，是有人大做販賣知識的生意，知識於是變成商品，被放入亮麗的櫥窗裡待價而沽。而櫥窗又往往被擺在我們心頭，種種知識於是各自盤據，甚至彼此凝結成種種定見、種種成見；其中，最教人憂心的是那些有關道德、美感和信仰的知識竟總是被壓在最底層，而那些可以讓我們很快得到利益的實用知識則現貨現賣，不僅討我們的歡心，甚至還大肆擾亂我們心理意識分明有序的層級和條理，譬如那個本來可以悠閒漫步海邊賞美景的中年人，在他的雙腳踩入柔軟沙灘之際，突然一陣心血來潮，竟被腦子裡一串串從他帳簿裡浮現出來的數字擾得心神不寧，而這豈是「掃興」而已？至於訂定契約讓我們一起工作，一起生活，乃勢在必行。但一旦有了契約，人和人的關係便或多或少受到那些具有法律效力的文字所牽制，而因此喪失了我們個人本該享有的自由。當然，最光怪陸離的是一些披著「道德」這套外衣的偽君子往往堂而皇之地出入那些聖潔高貴的殿堂，甚至因此而得到美名與厚利。至於工藝技術的作用盡人皆知，它確實可以為我們製造出讓生活更便利更舒適的器物與設備，但如果把工藝技術全般套入商業活動的機制，而讓它們變成營利的手段，那麼那工藝之美，以及那全副貫注於技術操作的生命力道，恐怕就會無端地遭到輕忽甚至輕蔑。

看來莊子已然深切理解我們人在「社會化」的過程中所可能出現的弊害。因此，一方面，莊子應該相當欣賞「自然人」的本色與風采；但另一方面，莊子也應已深刻體認到我們實在不能不成為一個有知識有能力有本事也有教養的「社會人」，在這個充滿人味人氣的世界裡正正常常地生活。是的，屬於我們的世界正是我們生活出來的。一方面我們需要「自然」作靠山，一方面我們則需要人文之學（特別是文學、藝術和宗教）來充實這生活世界裡多采多姿的內容。而「人文」是「人而後有文」，於是所謂「文明」就像是在一塊塊質樸的木頭上，用心刻鏤雕琢出美麗的文采。因此，當我們在汲取生活醇厚的汁液並享受文明甘美的果實的時候，理當不能忘本——「本」是自然，「根」是性靈，而反哺報恩，飲水思源，對任何一種生命的病痛而言，都理當會有療癒的效力，因為兩腳始終跨在自然與人文這雙騎之間的我們，顯然不能不努力穩住身體的重心，維持身心的平衡——原來，我們生就這兩隻腳，可是有源自生命底層的意味的；而縱然只有一隻腳，我們也還是大有機會為自己掙得可以休養生息的一席之地。如此一來，我們又何必擔心滋養這一身的米糧不夠？又何須憂心自己的小小生命不夠康健不夠堅強？

「真人」真的有「真身」嗎？

──其實，人人都有自己的「真身」

莊子雖然不屬於儒家，但他講的「道」仍是人間道，仍然可以讓我們在這世間行走自如而自在過活。

然而，古來隱居山野之中的修道人，他們所踏足之地，他們所行走之路，卻正是莊子所嚮往的生活天地。而從莊子大量運用這些修道人所流傳下來的奇妙事蹟和神秘經驗看來，顯然，「修道」而「得道」，對莊子而言，乃是他這一輩子始終堅持的信念，也是他全心全力追求的理想──而這也理當是莊子終其一生的志業，而那些修道有成的得道者，所達到的生命境界，以及所體現的人格型態，更是莊子夢寐以求的終極目標。

在此，我們就來回顧一下莊子是怎麼為那幾乎難以企及的完美人格，做出足以驚醒世人的描繪：

古時候的真人，不僅不違逆失敗（也就是不會無端地抗拒可能遭致的失敗），也不會刻意追求成功，更不會為無謂之事花費心思。如此一來，真人縱然錯過一些機會，也不會後悔；縱然行事順當得宜，也不會洋洋得意。由此看來，真人確實真有本領，而且本領不凡：他登高一點也不害怕，跳入水裡一點也不潮不溼，而舉足蹈火，一點也不覺得熱——這就是真人修道而得道的生命境界。此外，真人的生活作息更是異於常人，他睡覺時不做夢，清醒時不煩憂，而他的飲食不求精緻甘醇，他的呼吸則無比深沉。

（原文：古之真人，不逆寡，不雄成，不謨士。若然者，過而弗悔，當而不自得也。若然者，登高不慄，入水不濡，入火不熱。是知之能登假於道也若此。古之真人，其寢不夢，其覺無憂，其食不甘，其息深深。——〈大宗師〉）

在莊子眼裡，「真人」還有其他「真本事」——

我們一般人用鼻喉呼吸，真人則用腳後跟呼吸，直接和這大自然互通聲息，而那些沉溺於各種嗜好和慾望的人，他們那原本厚實的天性便將越來越淺薄。此外，真人也和我們不一樣，他不愛生，也不惡死；不因生而喜，也不因死而悲，而將死生置之度外，真是「出入有道」，來去自在自如。

（原文：真人之息以踵，眾人之息以喉。屈服者，其言若哇。其耆欲深者，其天機淺。古之真人，不知說生，不知惡死；其出不訢，其入不距；悠然而往，悠然而來而已矣。——〈大宗師〉）

由此看來，真人不祇身體已然水火不侵，金剛不壞，他的精神境界更是高明，更是超然，因此他不僅不悔不恨，不做夢，不煩憂，心境清澄如鏡，他還把「千古艱難惟一死」的生命大事完全看淡看開。因此，說真人有真身，意思就是說他的生命從頭到腳，由裡到外，完完全全地在從不間斷的自我鍛鍊、自我修持以至於自我涵養的過程中，獲致了澈底而究竟的改變、提振與昇華。

生命確實是有無限的潛能的，而開發生命的潛能，方法不一，路徑更是複雜。有人讀書，積累知識讓自己成為專業人士；有人身懷絕技，一招半式闖江湖；有人沉思默想，深入生命底蘊，開發出所謂的「心地法門」。而從我們生活的地平線看來，這身軀確實可以靠調息練功，讓五官不侵不擾不害，所謂「真人以踵息」，並非完全不可能。但莊子要我們顯現生命真實的面目，主要是希望我們能「了生脫死」，去認真探索生命在天光日影晝夜循環的地平線外，是否還有「不生不死」的可能性，而莊子得到的解藥是高EQ，是極其高明的情緒智商，甚至可以稱做「生命智商」或「心靈智商」——因此他不逃生，不避死，而只求活得自由快樂，死得安然自在，同時在生死之間，和這天地自然互通款曲，終其一生無怨無悔。

第六篇／

渾沌之死——

表面看來，死亡是生命的大敵：

但是如果我們練就了心地功夫，

而且是透生透死甚至是了生脫死的功夫，

我們便可以自由自在地活著，

而且同時在那「生命之壺」裡，藏住我們生命的法寶

——不需耳目，不用口鼻，因此無須誰來侍奉和供養，

而只要有這周天周地，旋天轉地的渾然之身，

又有誰能囚禁我們這顆心？

又有誰能拘禁我們這一身？

「渾沌」原來無死，

而生命原本可以不死，

「死」恐怕只是我們用來嚇自己的一個假象罷了。

生老病死是宿命嗎？

——「一路好走」是真心的祝福

「生老病死」短短四個字，道盡了人生全般歷程。而關於「生老病死」，最著名的故事應該是釋迦牟尼在他還是太子的時候，曾經分別走出他那小小王城的城門——東、西、南、北四道城門，分別見到生、老、病、死四種人生現象，他因而大發悲天憫人之情，由此而萌生出家修行的念頭。

莊子未曾逃家，未曾離家，更未曾「出家」，這當然和古代中國的人文風情不同於印度有關；不過，在莊子所開發出來的「道」的思維裡，則已經出現足以和佛教相互媲美的生死智慧。而如今，所謂「生死學」，其實不只是一門學科或是一套知識體系，它已然是滿溢著人文意趣的生死關懷，因此稱之為「生死智慧」，應非過當之辭。而對莊子而言，他的生死關懷所揭顯出來的生死智慧，實在不須套上「生死學」這個名號，因為在

「道」思維的照拂之下，莊子是不必逃家，也不必離家，而他更不曾「出家」，因為莊子已在從生到死的路途上，做了極為深刻的反思，而道出了下面這一段灑脫之辭：

大地將形軀給了我們，並用「生」來勞苦我們，用「老」來讓我們安逸清閒，最後用「死」來讓我們獲得平靜，獲致安息。因此，如果我們認為「生」是一件好事，那麼我們便要同時認為「死」也不是一件壞事。

（原文：夫大塊載我以形，勞我以生，迭我以老，息我以死。故善吾生者，乃所以善吾死也。——〈大宗師〉）

原來，在莊子眼裡，生和死，都是一件好事，一件十分自然的事。或者，我們也可這麼說：既然「生老病死」是天地間任何生命個體所必經的自自然然的過程，那麼我們就必須平平靜靜，穩穩當當地接受「生老病死」這實實在在且明明白白的生命變化，而不能對它們有好有惡，有愛有憎，有不合實情的價值判斷——本來，「愛生惡死」，乃人之常情，只是這「常情」往往在「無常」的人間，反反覆覆地釀致事端，而讓我們在好惡與愛憎的情緒來來去去之間，終失去耐性與定性，而無法看清真相，無法參透生死之間真真實實的信息。

當然，我們再怎麼思怎麼想，怎麼說怎麼做，甚至怎麼修行怎麼練功，祇要我們這一身仍在，並且一息尚存，我們便仍是一介凡夫，而總是滿腦子妄想，一肚子情緒。面對此一生命困局，心理師自有辦法予以剋制，宗教師也自有他們度人的種種奇妙的法門。雖然莊子不是心理師，也不是宗教師，但他卻別有見地，而另行在人和天地相互連結的種種關係裡，發現我們這身軀是那麼平凡，那麼單純，那麼具體而有效地給我們十分直截了當且有無比力道的「生命教訓」——教訓我們要順服天地，要體貼自然，要以柔軟無比的心，接受天地自然的安排，而不能對抗，不可拒絕，也不必問：「為什麼我會老？」、「為什麼我有病？」、「為什麼我不得不死？」這一連串無端擾動我們這顆心的問題。

而既認定生和死都不是壞事，莊子更直白地來這麼一句：「以死生為一條」，意思是死和生其實是一回事，因為它們都屬於天地造化，都是一氣之所化，也都分別在「道」中獲得同樣明確的位置。不過，如果我們硬是做底下的二分：「生」是「存在」，「死」是「不存在」；那麼，由「存在」到「不存在」，也就等於：從「有」變「無」，那可就需要我們準備好一種心情、一種態度、一種眼光，以及一種慷慨的胸懷，來接受一生就這麼一次的大改變。當然，如果我們相信死後有來生等著，我們的心情和態度應該會比較篤定，比較鎮靜；而如果我們學莊子的曠達而如他一般灑脫，那麼縱然這一身最後完全化入於自然，我們也將毫無牽掛而了無遺憾，我們甚至因此可以透過高明的眼光和寬大的胸懷，來看待這一生中僅有的一次大事——它理當是莊重而嚴肅的，也理當是可以完全被我們自己接納的。

或許，祇是因為我們總以為自己存活於這個世上，不能不擁有什麼，所以「死亡」就儼然是一種破壞、一種失落、一種否定，甚至是一種毀滅、一種教人望而生畏的空洞和暗黑。原來，是那遍在一切的「道」讓我們生，讓我們死，它如同隨時可以兌現的即期支票，由我們自己開出，也由我們自己收回，根本不必簽名或用印。

就讓我們靜下心來仔細聆聽莊子的叮嚀，他人在風中，人在雨裡，人在天地間的一個小角落裡，始終俯聽著生的召喚和死的音訊；就讓我們守在他身旁，靜靜地感受氣的流動，細細地觸摸心的跳動，直到有一天一切都停息了下來。

什麼朋友纔算是「莫逆之交」？

——如果交友像組個俱樂部

生就一個人，既然無法獨獨一人活在世上，那麼交朋友便幾乎是一種生存之道。不過，如果只為現實生活的種種緣故，而去結識一些人，去和一些人拉關係，甚至攀緣附和，成群結黨，這可就不一定對自己真有好處。

本來，交友一事，原就具有療癒心靈的作用。而朋友之間的來往，主要是通過感性的交流和知性的溝通，一起來經營種種足以讓雙方獲得生活所需資源的共同的生活方式——這自是嚴肅地說，認真地講。而如果以輕鬆的心情來看待交友之道，那麼無論是感性交流所引來的趣味，或是知性溝通所激發的興味，都已足以讓「朋友」這五倫中的一倫變成一個遊戲場——「遊」人間而「戲」人生。看來，我們是可以把首倡「五倫」的孟子的一句話：「朋友有信」，改成「朋友有情」、「朋友有樂」、「朋友有趣」或是「朋友有福」、「朋友有望」。因為唯有在融洽情感、樂趣、幸福與希望等等生活要素的平台上，我們纔可能真正地彼此對等而和樂地做朋友，而不至於一起在欲求驅使之下，沉湎於酒池肉林，或者只在名利場中彼此競逐，而竟沉瀣一氣地做那自甘沉淪的酒肉之交。

是該來看看莊子是如何為「理想的朋友」勾勒出一幅「天上人間」的美好風光。他說有一天，四個「化外之民」，名喚子祀、子輿、子犁和子來，他們志同道合地像是發表一篇短的「入會資格說明書」；而所謂「入會」當然是指加入他們這個如同「俱樂部」的小團體。於是他們四個人一起發聲：

> 有誰能夠把「無」當頭，把「生」當脊髓，而把「死」當作是脊尾骨（俗稱「尾椎」），又有誰能真正了解死、生、存、亡乃一體不分，一以貫之，我們就和誰做朋友。

（原文：孰能以無為首，以生為脊，以死為尻，孰知生死存亡之一體者，吾與之友矣。」四人相視而笑，莫逆於心，遂相與為友。——〈大宗師〉）

四人異口同聲，彼此相視而笑，心意互通，而終成了所謂的「莫逆之交」。看來，這入會資格分明是他們四個人為自己量身打造的，而「志同道合」的真正意義也就在此表露無遺。莊子接著還借孔子的話，說這些人「遊方之外」（孔子說他自己「遊方之內」）；而所謂「方之外」，指的便是那還沒有被社會的規矩所拘限，被文化的氣息所薰染的自然世界。

本來，回歸自然乃尋常之事；但事實上，對我們這些已然習慣於人為造作的世俗中人而言，這回歸之路並不平順，其間障礙重重，阻力多多，其中，最大的障礙和阻力正來自我們自身上——只因我們不願面對現實，我們不肯接納事實，我們更不懂得「真實」為何物。而子祀等四個「方外之人」，則為「回歸自然」做了最佳的注腳，也同時顯發了生命的真實意趣。

如今，在「短命」已十分罕見的現代世界裡，竟有不少人為了「延命」而大費周章，以至於忘了在數得盡的歲月裡，好好來享受生命，而且和好友一起同享同樂——同享的是佳美之樂，共有的是至真至善之福，而同樂的是那從無而有（有生），再從有（有生）而無（死亡）的「道」，「道」其實不在我們的頭頂，「道」就在我們的腳下，「道」就在我們步步踏實的生活世界裡。

原來，交友的療癒作用就在消解寂寞，排除孤獨；寂寞在於心，而孤獨現於身，特別是在我們病重以至於瀕臨死亡之際，親朋與好友的出現乃是最大的慰藉，正如那子輿病重時，因好友子祀來探視，竟有了如此坦然的告白：

> 不，我為什麼要因此嫌惡自己這模樣？假如造物者把我的左手臂變作雞，我就叫牠為我報曉；假如造物者把我的右手臂變作彈弓，我就用它來打鳥而烤來吃；假如造物者把我的脊尾骨變作車，把我的精神變

作馬，我就乘坐這輛馬車到處遊走，怎還需要另外找馬車？

（原文：亡，予何惡！浸假而化予之左臂以為雞，予因以求時夜；浸假而化予之右臂以為彈，予因以求鴞炙；浸假而化予之尻以為輪，以神為馬，予因而乘之，豈更駕哉！」——〈大宗師〉）

這話簡直不可思議，它不只是這幾乎不成人形的子輿的肺腑之言，也彷彿是一修道之人的真心語。而子輿不僅逆來順受，以苦為樂，甚至已然視死如歸，將生死智慧放入個人這一副向大自然借來的小小身軀裡，而做了具體的實踐。當然，子輿說這些話是因為他有知音，有可以完全理解他意思的知交。由此看來，在這莊子所嚮往的生命俱樂部裡，滿滿是療癒與照護，滿滿是慰藉與安頓，更滿滿是快樂、幸福與盼望，而這些奇人其實一點也不奇，因為他們幾乎孑然一身，他們有的只是不造作、不矯情、不掩飾、不虛假的真心與真意，自在地流動於彼此向對方敞開的胸臆之間。

原來，友情正是我們生命成長所必需的滋養，更是療治我們心靈創傷所必備的良藥。

我們是否應該「認命」？
——天地終究是公道的

長久以來，「命運」之費人疑猜，引人遐思，不僅讓那些和「命運」有關的傳說成為人們茶餘飯後的談助，而且也使「命運」成為一個富有哲學意趣的觀念，甚至讓那些和「命運」有關的問題，都成為我們必須面對必須加以料理的生命課題——其中有一些幾乎是窮我們一生之力都無法解釋也無法解決的問題，如希臘神話中不幸被諸神懲罰的薛西弗斯，諸神命令他推巨石上山巔，這成了他一輩子的苦役，而且是永不歇止的苦役，因為巨石上了山巔會再滾落，於是薛西弗斯必須一次又一次地把巨石往上推。

當然，我們在日常生活中所遭遇的所謂「命中註定」的事情，並非都如此巨大，如此嚴厲，如此酷烈，如此地不可抗力，但我們仍然不得不「宿命地」接受一些出乎意料且無法迴避的安排、擺佈以及近乎懲罰的禍害與災難。而莊子既然是知命之人，他是真的善解「命運」的意義。一方面，莊子認為「命運」自有其不可知的底蘊，而他那「知其不可奈何」的態度，便是一種「善解」的修養；另一方面，莊子在以「自然」為底基的世界裡，他把「命運」的力道基本上限制在這高天厚地的範圍之內。因此，他又一次讓他的基本演員子輿和子桑上場，來了底下這段和「命運」有關的對話：

子輿和子桑是很要好的朋友。有一次，一連下了十天的雨，子輿說：「子桑病了吧！」於是他帶飯去給子桑吃。走到子桑家門口，聽見裡面像是唱歌又像是哭泣的聲音，接著是子桑邊彈著琴，邊唱道：「父親呀！母親呀！天啊！人啊！」那聲音聽來有氣無力，但是唱的詩句卻顯得很急促。子輿於是進門對子桑說：「你怎麼這個樣子唱詩呢？」子桑說：「我正在思考那讓我窮到這步田地的是誰，但卻怎麼也找不著祂。想想，我的父母怎麼願意我如此窮困潦倒？而上天無私地覆蓋一切，大地無私地承載一切，天地又怎麼會對我有任何私心私念而竟讓我貧困到這般地步？追根究底，讓我如此貧困的根由應該是命吧！」

（原文：子輿與子桑友，而霖雨十日。子輿曰：「子桑殆病矣！」裹飯而往食之。至子桑之門，則若歌若哭，鼓琴曰：「父邪！母邪！天乎！人乎！」有不任其聲而趨舉其詩焉。子輿入，曰：「子之歌詩，何故若是？」曰：「吾思夫使我至此極者而弗得也。父母豈欲吾貧哉？天無私覆，地無私載，天地豈私貧我哉？求其為之者而不得也。然而至此極者，命也夫！」——〈大宗師〉）

如此不怨天，不尤人，更不怪爸爸和媽媽，而祇用一個「命」字，把一肚子的狐疑全拋向腦後，這可是一種難能可貴的修養，甚至已經可以算得上是一種智慧，一種功夫，而它所透露出的真知灼見，又豈是一般的宿命論者可以相提並論？

而有一些人所以會去算命，去聽算命先生如何洩露天機，大多是為了解自己心裡的困惑以及個人生活的困頓。但事實上，卻往往出現適得其反的效果——「命」竟然越算越顯得神秘而更加難以理解，而最後竟讓那急著想一探的人們顯得更心急更焦慮，使得本來可以帶來一些些諮商效力的行動徒勞無功。

而那些逆來順受的人則大多是比較能接受「命」(「命運」)的，說他們「認命」，其實還不足以道出他們一肩擔負「生命之重」的毅力與勇氣——那子桑不怨不尤，不悔不恨，可能就是因為他不認為「命」是可以去推算，去探究的，「命」就那麼明明白白地擺在我們眼前，就像在那曲曲折折的道路迤邐向前之際，赫然一塊大石橫阻在前，我們就再來一次轉彎，不就可以安然通過？

任誰都會對「命」(「命運」)有些許好奇，而因此去算去玩甚至去研究，其實這本無可厚非，因為所謂「命學」或「相命之學」縱然算不上是什麼大學問，但至少稱得上是已然流傳千年的具一定專業性的「術」——是知人之術，也是處世之術，它有時候對那些猶豫不決，踟躕不前的人們，是真的可以起一些療癒身心以免除生命疲乏的效用，而多少提振那不敢探入生命黯黑的一顆柔弱的心，並因此警惕那鹵莽之徒，可要謹慎地看待周遭可能發生的任何意外事故——爬山要攀岩，過河得摸石，這看來不長也不短的人生又如何能輕率地過，又如何能不在任何命定的事實之前挺胸抬頭？也許，暫時低頭閉目沉思那些「無可奈何」情事到底是怎麼來的，纔是生活的良策。

接下來，就讓我們再來看看莊子是怎麼敦聘一位修道之人，運用他的「道」，來和那神機妙算者的「術」相互較量。

莊子的「生命之壺」到底藏著什麼法寶？

且先別斷言「命」是我們難以改變的生活環境或生命情境，就先看著我們到底是要直接跳進去，或是另行創造一幅全新的人生願景；然而，知命之人卻不一定得去請教算命先生，纔能通曉「命運」究竟是怎麼一回事，祇因為這修道之人自有其「生命之道」。

於是莊子便讓那依然在生活的十字路口徘徊的列子登場，讓列子扮演一個從頭到尾都在場的角色，而始終穿梭在「道」與「術」之間，來回地奔走，而在一個偌大的擂台上，上演了高手過招的一場精采好戲：

鄭國有一個神巫，名叫季咸，他神機妙算，能夠準確地斷人生死存亡，禍福壽夭，甚至能夠預言何年、何月、何旬、何日會發生何事，沒有不應驗的。因此，鄭國人見到季咸，都驚恐地走開，怕他說出不吉利的話來。但是列子見到了季咸，卻對他的「道術」之高深莫測，讚嘆不已。於是列子便去向老師誇說季咸的「道行」，壺子雖然很不以為然，但還是叫列子去請這人見人怕的算命大師來給他「相一相」，試試到底那看相算命的功夫有多高深。於是列子就去請季咸來相壺子的面，算壺子的命。季咸果真來了，進去一看，出來就跟列子說：

「哎！你老師快要死了，活不了了，撐不了十天了，因為剛剛我看到的是一團溼灰，一點生氣也沒有。」

列子便很傷心地進去，哭著把季咸鐵口直斷的話向老師報告。結果，壺子竟然說：

「剛剛我現給季咸看的，是陰勝陽的『地文』，它不動不止，這其實是把我自身的生機給堵塞住。如果不信的話，就請季咸明天再來看看。」

第二天，季咸又來了，他看了壺子的相之後出來，對列子說：

「還好你的老師碰到我，算他走運——他有救了，因為有生機啟動了。」

列子把季咸這番話告訴老師，壺子馬上又做了解釋：

「這是因為我現出陽勝陰的『天壤』給他看，這一點生機仍教人摸不著邊際，但它已從我的腳後跟一點點地發出來。不信的話，你請他明天再來看看。」

第三天，季咸又來了，看了壺子之後對列子說：

「奇怪！你老師的『長相』怎麼變化不定，我一時之間沒辦法看他的相。等他定下來，我明天再來看看。」

這一次，壺子的解答如下：「剛剛我給季咸看的是陰陽正在調和的『太沖之氣』，如水流成淵，出現九層盤旋而下的漩渦——它一共有九種，而我給他看的不過是其中三種而已。不信的話，你就請他明天再來看看。」

第四天，季咸又和列子一起見壺子。結果季咸還沒站定，竟然就驚惶失措地逃之夭夭。

壺子馬上對列子說：「你趕緊去把他追回來。」

列子沒追上，回來對老師說：「他已不見人影，我怎麼追也追不上。」

壺子於是公佈他最後的答案：

「我剛剛給季咸看到的，是所謂的『未始出吾宗』——意思是說我還沒有從我生命的根本之道出來。因此，我對待他的方式是應機隨順，沒有任何一點拖泥帶水，也沒有任何牽累；而天地萬象變化無窮，我的生命也因而變化無窮；同時，天地大化隨波逐流，我也因之隨波逐流。如此一來，他又如何窺得見我？又如何察得出我的本色？所以只好逃之夭夭。」

列子聽到老師自述如此出神入化的生命功夫，覺得自己實在太小看老師了，因此為自己根本還沒學到大道而羞愧不已，乃決定三年不出門，替他太太燒火做飯，餵豬像事奉人一般恭恭敬敬，最後，他終於去了人為的雕琢，恢復了生命的真璞，而塊然獨立於塵世之外，在錯雜紛紜的萬事萬物之中守住虛靜之境，並因此享盡了天年。

（原文：鄭有神巫曰季咸，知人之死生存亡，禍福壽夭，期以歲月旬日，若神。鄭人見之，皆奔而走。列子見之而心醉，歸，以告壺子，曰：「始吾以夫子之道為至矣，則又有至焉者矣。」壺子曰：「吾與汝既其文，未既其實，而固得道與？眾雌而無雄，而又奚卵焉！而以道與世亢，必信，夫故使人得而相汝。嘗試與來，以予示之。」

明日，列子與之見壺子。出而謂列子曰：「嘻！子之先生死矣！弗活矣！不以旬數矣！吾見怪焉，見溼灰焉。」列子入，泣涕沾襟以告壺子。壺子曰：「鄉吾示之以地文，萌乎不震不止。是殆見吾杜德機也。嘗又與來。」明日，又與之見壺子。出而謂列子曰：「幸矣子之先生遇我也！有瘳矣，全然有生矣！吾見其杜權矣。」列子入，以告壺子。壺子曰：「鄉吾示之以天壤，名實不入，而機發於踵。是殆見吾善者機也。嘗又與來。」明日，又與之見壺子。出而謂列子曰：「子之先生不齊，吾無得而相焉。試齊，且復相之。」列子入，以告壺子。壺子曰：「鄉吾示之以太沖莫勝。是殆見吾衡氣機也。鯢桓之潘為淵，止水之潘為淵，流水之潘為淵。淵有九名，此處三焉。嘗又與來。」明日，又與之見壺子。立未定，自失而走。壺子曰：「追之！」列子追之不及。反，以報壺子曰：「已滅矣，已失矣，吾弗及已。」壺子曰：「鄉吾示之以未始出吾宗。吾與之虛而委蛇，不知其誰何，因以為弟靡，因以為波隨，故逃也。」然後列子自以為未始學而歸，三年不出。為其妻爨，食豕如食人。於事無與親，雕琢復朴，塊然獨以其形立。紛而封戎，一以是終。——〈應帝王〉

這分明是那得道的壺子在戲弄那有術的季咸，看來高下立判，因為道先而術後，有道之後纔能有術；學道是根基，而練那算命之術乃末節。而莊子既以「自然」為生命之道，他對所有的人為造作便有所貶抑，有所揚棄——「算命」屬人為之術，莊子對它自有其嚴正之批判。於是莊子以「壺」比喻吾人生命豐富厚實以至於難以估量的內容，其高無頂，其廣無垠，其深更不可見底。而且壺子一再示現生命自身自主自在的變化，更是令人讚嘆，教人嚮往。

如今，在已然科技當道的現代社會裡，我們確實擁有了比昔日更強更大的改變外在世界的能力，但面對我們自身的生命，卻往往少了一份自我改變的自信與勇氣，以及足以讓自己變得更堅定更剛毅更強大的智慧和能力。也就是說，我們對世界的了解往往勝過對自身的關注，我們對和他人的競賽與爭鬥所投入的氣力，也往往多於對自我的涵養、修持與變革所付出的心血。

看來，莊子的「壺子」是已具體實踐了老子「知人者智，自知者明；勝人者有力，自勝者強」的道理，而這「生命之壺」裡竟然洶湧澎湃，浩瀚無邊，祇因它裡面正充滿著「自知之明」的亮光，而超克自己，壯大自己的力道纔可能讓我們成為真正的強者——是生命內在豐盈充沛，是自己自立自主而因此自由自在，而這正是可以不假外力，不需外人品評賞鑑的自我肯定、自我認同與自我表現。

也許，算命只是可以偶爾玩玩，自娛娛人的遊戲罷了。真正需要我們費心思的是到底該如何自我修養，自我鍛鍊——好好來修養這一顆心，好好來鍛鍊這一副身軀。如今，「預防勝於治療」，已經是一種健康常識，而開發生命內在之世界，探索小小自我之奧秘，也已經是我們這一輩子必須堅持到底的工作，而這工作並沒有所謂「退休」的期限，它自始至終都要我們老老實實地面對自己，並誠誠實實地善待身邊的人事物，就像那彷彿被當頭棒喝的列子，乖乖地回到自己家裡，替太太做飯，餵豬就像事奉人一般，而終於返璞歸真，獨立且自在地生活在這世上。

由此看來，我們是該以列子為鑑，不要被什麼大師或名師所誘惑，更不能被那些無端走漏生命奧秘的「內線」消息所誘引，而得好好涵養「知有所知，也有所不知」的謙卑心、平和心、寧靜心以及接納一切意外事故的耐性與雅量，而這也許纔是消解我們對「命運」的迷思的妙方。當然，它也同時能夠安定我們那急躁、煩躁與焦躁的心，而讓我們能夠如同自助旅行家一般，優游自如地倘佯於那不必在意腳印落向何處，也無須擔心何時纔能抵達目的地的旅途之上。

「用心若鏡」，用的當然是真心

——我們能夠變成「透明人」嗎？

顯然，莊子一直很用心地在思考，在生活，在和這天地打交道。而他在關注自身的生活處境的同時，除了始終得持著對一己生命的珍愛之外，更以充滿敬意的態度，來對待任何個人都必須面對的死亡，來思考我們究竟能如何超越死亡以迎向「不死」的任何的諸多的可能性和不確定性。

因此，莊子於是努力地為我們人生做那「拆解」的工作——拆人身之縛，解人心之密；而他對所要拆所要解的生活障礙物，則做了很直截了當的分析與歸納，並且在他所標立的「至人」的人格典範之下，做了一個足以照映真實人生的比方——比喻那「至人」的心如同一面鏡子，這比禪宗六祖惠能大師的大師兄神秀大師「心如明鏡」的譬喻，幾乎早了近一千年：

不要去接引世間的聲名，不要當那策畫謀略的智囊，不要去承擔事業的重任，也不要自命為智慧巧思的主人。因為我們必須是得體悟那無窮無盡的道，纔能逍遙於無邊無際的天地，而發揮我們天賦真實的本性。如此看來，世上並沒有什麼得失可言，一切不過是虛空寂靜罷了。同時，那「至人」自是生命的典範；他的心像是一面鏡子，照映著天地萬物——物象去了，它不去送行；物象來了，它也不去迎接；它只是自然地反映這一切，自己絕對不留存什麼主見或成見，所以至人能超越一切物我（主客）的對立，終究不被外物所傷害。

（原文：無為名尸，無為謀府，無為事任，無為知主。體盡無窮，而遊無朕；盡其所受乎天，而無見得，亦虛而已。至人之用心若鏡，不將不迎，應而不藏，故能勝物而不傷。——〈應帝王〉）

一句「用心若鏡」，已然透露了禪意，也同時揭露了我們生命難以參透的真實的信息。確實，我們這一生是始終和名聲、謀略、事業和智巧來回周旋，於是我們便活得越來越疲累，越來越虛假，也逐漸地失去真實的本性，甚至因而慢慢地喪失真實的自我。而既然我們都不得不面對如此沉重煩瑣的生命困境，莊子終於設法為我們開出一條活路——他要我們回頭看看自己，看看自己的這一顆心，而好好地看顧它，照料它，讓它像一面鏡子一般，明亮清澄，而如實照映這周遭的一切，絲毫不歪曲任何事物真正的形象，而它也完全不被任何「外物」所干擾所傷害。

而我們的心到底如何能夠像明鏡一般保有如實照映一切的功能呢？莊子也給了答案：「讓我們去向那『至人』討教吧！」原來，那「至人」的心所以能夠像鏡子一般明亮，一樣地發揮百分百的照映物象的效力，就是因為它不固著於任何成心成見，也不落入任何主觀情意所形成的心理窠臼。而這世上確實有人因為私心自用而因此畫地自囚，有人則因為自傲自滿而不願誠實面對真實的世界，還有人由於對自己無知以至於誤解甚至曲解來自生命裡裡外外的各種信息——而這些人看似仍然手持各式各樣的鏡子照向他們身邊的一切，遺憾的是那些鏡子不是沾滿塵污，便是已經破損不堪。如此一來，他們又如何能看見自己的真面目？又如何能真正目睹周遭正在發生的所有大小事件以及接踵出現的種種現象與變象？

然而，就目前我們運用思考的方式，以及利用科技的力量來探索世界的模式看來，我們的心顯然已不太能如實照映這世上的一切，因為它不是被一大堆的資訊所充塞，便是被那些「外力」(所謂「外力」包括社會主流的價值觀念以及各種人際關係所衍生的大量的生活資源——包括名聲、財富、地位和權力）所破壞。本來，人類發明鏡子，乃文明史上的一件大事，因為有了鏡子，我們纔能夠不需借用別人的眼睛便能看見自己，而這正有助於我們每一個人真正地自我做主——做自己的主人，而不再只活在別人的眼裡。不過，我們還缺少一面面「心鏡」，一面面可以讓一切人事物現出原形同時顯露真相的智慧之鏡。

哎！自己做主，談何容易！但人生又何嘗不是一段發現「真我」的旅程？而讓此心乾淨透明，從「時時勤拂拭」到終於發現「本來無一物」，是何等自在！何等快活！想想：如果那心的亮光能夠自發自明自照，那麼世上那些被遮蔽的、被堵塞的以及被扭曲的，便終將消失無蹤。如此一來，我們種種身心疾病的病根，不就可以被清理乾淨？

我們究竟有沒有「第八竅」？

——鑿七竅，活七天，這暗示些什麼？

人有身，更有心，而身與心之間，原本可以一體無間，交流無礙，但由於我們往往「重身而輕心」，並總是先求身體需求的滿足，再來和那捉摸不定的心打交道，而因此導致身心不和，精神不寧。

這世上真正用心的人其實不在少數，祇是到底用心來做什麼，則各有各的目的，也各有自己所希求的結果。而我們如果只是觀察心的表象，其實無法真正了解心到底能有什麼作用；因此，若要了解究竟該怎麼「用心」，我們便必須先了解這「心」到底能怎麼用。而莊子已經告訴我們「至人之用心若鏡」，就是要讓那心如實地去映照一切，這意思是要我們「知道什麼是什麼」，同時也「知道什麼不是什麼」，而這看來容易，其實並不簡單，因為我們總是喜歡為這一顆心加添一些色彩、一些裝飾、一些擺設，甚至努力地鍛鍊這一顆心實際而有效的功能——包括感覺、思考、想像以及種種意識與情緒的活動，這一顆心竟像跑馬燈一樣，不由自主地轉來轉去，以至於轉到疲憊不堪——哎！至人那不動的心、安靜的心、澄明的心、妙用無窮的心，到底是怎麼練就成的？

於是莊子在「至人」現身之後，接著說了一個驚人的故事——「渾沌之死」，則有他特別的用意在：

南海的帝王名叫儵，北海的帝王名叫忽，中央的帝王名叫渾沌。儵和忽常常去找渾沌，渾沌待他們兩個很好。儵和忽於是設法要報答渾沌的厚意，便說：「一般人都有七竅，用來看，用來聽，用來吃，用來呼吸，而渾沌卻沒有這七竅，我們就來幫他給鑿開。」於是他們一天鑿一竅，鑿了七天，渾沌竟然死翹翹。

（原文：南海之帝為儵，北海之帝為忽，中央之帝為渾沌。儵與忽時相遇於渾沌之地，渾沌待之甚善。儵與忽謀報渾沌之德，曰：「人皆有七竅以視聽食息，此獨無有，嘗試鑿之。」日鑿一竅，七日而渾沌死。——〈應帝王〉

表面看來，鑿七竅，鑿的是這身軀的七個竅孔，而纔只七個竅孔被鑿開被打通，渾沌竟然就一命嗚呼，可見「七」並不單單只是一個數字，而應表示一個具有整體性意義的數字——「七」是一個週期，時間上有始有終的一個輪轉、一個生命歷程，而它也彷彿是完完整整的一個空間、一個流動自在的生命體。

在莊子眼裡，人和天地萬物乃是一個完整的生命體，他說「天地與我並生，而萬物與我為一」，就很明白地表達出這個意思；而這整體就是「自然」，這生命就是自自然然的生命。也唯有在自然的狀態中，整體纔能持續，生命也纔能發展。

因此，當渾沌生命的整體性被破壞，渾沌自然的本性也就同時遭到嚴重的傷損，而這樣的道理在我們人身上一樣可以得到印證——所謂「整體大於部分之和」的生命的「完形」，原來絲毫不假；萬一哪一天我們不幸受了皮肉之傷，傷了身體的某一部分、某一個官能，但祇要「命」還在，那傷總是會慢慢好起來的，而那「命」便是所謂的「整體」。原來，我們不只是用眼睛在看，而是整個人在看；不只是用耳朵在聽，而是整個人在聽……至於從精神生活的種種表現與道德人格的養成過程看來，我們更是始終在運用全部的生命來回應精神生活的需求，來造就道德人格的基本質素。

或許，除了擁有七竅以「視聽食息」之外，我們果真還有那看不見、聽不到，也摸不著的第八竅，而這第八竅就是我們生命的根柢，就是我們精神的源頭，就是我們心理意識以及諸多情志活動的發動者。當然，我們必須以「渾沌之死」為鑑，這脆弱的身軀實在禁不起無端地被鑿被傷被毀，但我們顯然仍可以樂觀地看待自己這身軀這性命這奇妙無比的有機之體，因為縱然生就是一「會死的存有者」，我們仍舊享有不死不亡的種種可能，祇要我們精神永保活力，心靈永存盼望，而思想和意識的活動也永遠在自主自由以至於自發自覺的各種生活管道中自在地進行，而且不會無端地被阻礙被堵塞的話。

第七篇 ／

自然之道——

老子云：「道法自然」，

一語道出我們這一生和大自然最深最密最原始的連結。

然而，人總是自作聰明，鍾愛繁華，

而老是在生活的糟粕裡覓食維生。

當然，誰都有天賦的權利自己做主，

誰也都有一定的權力來駕馭自然，

而因此老是和「變化」過不去，

和「外物」相周旋，

甚至和「現象」糾纏不清。

看來，我們還是去看看水裡的魚，

去問問牠們是怎麼和流水相親又相愛，同在且同樂的。

「機械」有那麼難駕馭嗎？

——「自然」是生活的軸線

本來，活在自然，活得自然，而終活出自然的趣味來，乃是莊子心目中美好人生的軸線；不過，在這「自然」日益消退的年代裡，我們究該如何穿透重重的人為障礙物，真誠、友善且熱情地向「自然」伸出柔軟的雙手，來領受那無比豐盈的恩賜？這顯然需要我們回心轉念，回頭看看自己，細細地來檢視這一身是否有了過多的裝備，同時，心理是否也有過多無謂的思慮。如此一來，我們纔可能直接地和那「自然」通消息，和那天地並肩行，並同時和周遭的花草鳥獸締結美好之約。

如今，我們似乎已習慣在各種由人力所設計所構築出來的環境裡討生活，並且往往出入於車水馬龍、人聲鼎沸的街巷之間，於是所謂的「都市人」亮麗現身，所謂的「現代科技」乃全面主導我們生活的方式與步調；

然而，都市已然是人類文明發展主要的場域，現代科技更是現代社會所以能夠以「起飛」之姿向前向上躍昇的基本動力，這已然是我們這些自稱是「新人類」甚至是「新新人類」的現代人的共識，不過，這樣的共識又何曾被質疑被否定過？

兩千多年前，莊子已經發出如下「反機械」的信息：

子貢到南方的楚國，在回晉國的途中，經過漢水南邊的地方，看見一個老丈正在菜園裡種菜。老丈打了一條隧道通到井邊，然後抱著一個瓦甕盛水來澆菜。這樣的灌溉方式要費很多力氣，但效力實在不大，子貢對老丈說：「有一種抽水的機器，一天可以灌溉百畝大的菜園，用力少卻有很大的效力，先生您為什麼不用呢？」灌園的老丈抬頭看了看子貢，便問說：「那機器是怎麼用的呢？」子貢回答說：「就是在鑿木的一端放機器，使它後面重前面輕，那麼提水就像抽水，而水就像滾沸一般很快地流出來，這種機器稱作槔。」老丈聽了之後臉色一變，然後笑笑地說：「我聽我的老師說，使用機械的人必定會有機械的事務，而有了機械的事務，便會有機謀巧變的心思。如此一來，一旦胸中有了機謀巧變的心思，就會破壞那純白天真的本性。而一旦破壞了純白天真的本性，心神就會因此不安定。心神不安定的人，離那天地自然的道就遠了。因此，我所以不用機械，並不是不知道機械的用處，而是羞於去使用它呀！」子貢聽了，竟羞愧得低頭不語。

（原文：子貢南遊於楚，反於晉，過漢陰，見一丈人方將為圃畦，鑿隧而入井，抱甕而出灌，搰搰然用力甚多而見功寡。子貢曰：「有械於此，一日浸百畦，用力甚寡而見功多，夫子不欲乎？」為圃者仰而視之曰：「奈何？」曰：「鑿木為機，後重前輕，挈水若抽，數如沸湯，其名為槔。」為圃者忿然作色而笑曰：「吾聞之吾師，有機械者必有機事，有機事者必有機心，機心存於胸中，則純白不備；純白不備，則神生不定；神生不定者，道之所不載也。吾非不知，羞而不為也。」

子貢瞞然慚，俯而不對。——〈天地〉

哎！這灌園老丈還真固執，不！不！他一點也不固執，而他也不是不知變通，如果我們站在他的立場來思考，便應該了解他所衷心盼望的是能夠活在自然，活得自然，而後活出自自然然的生命來。其實，如果我們真的能夠活在自然的懷抱裡，就像個嬰兒安靜地靠在母親的胸前，他對周遭的一切似乎一點都不感興趣，祇因為他只要有母親溫熱的身體和奶水的滋養，就足夠了，他已別無所求——這與天地自然同在的老丈不也就像那嬰兒一般，大自然就是他唯一的母親，而他所求不多，所需也有限；按經濟學的供需理論看來，需求與供給恰恰成正比例，便是理想的生活狀態，因此，需求少，供給也就不必多，灌園老丈於是就在這樣的比例中過活，而因此找到可以昂然拒絕使用機械的強有力的理由。

其實，面對一些不很複雜的機械裝置，我們不用過於擔心，因為那不知疲乏之為何物的反覆動作應該還不至於擾得我們心神不寧或是束縛住我們的手腳。如今，倒是那無孔不入，無遠弗屆，甚至無所不在，無所不包的網路科技所繁衍出來的硬體和軟體，幾乎全面性地佔據我們的生活世界，甚至已經喧賓奪主，入侵我們的心靈世界。看看那些目不轉睛地盯著螢光幕而十指如飛般地遊走於發光的面板上的年輕人，他們心裡應已有難以計數的「機事」，而他們的心便可能因此變成「機心」。如此一來，年紀輕輕卻已心機深沉而老謀深算，這也應是另類的早熟吧！未老而先衰，衰的是一顆顆本該活潑潑的心，謀的是那與機械同在的生活策略，而成天算計的便是那科技、網路與資訊所多方多重多邊地連結而成的大量的數據、信息以及各式各樣的符碼與意象。

哎！回不去了！真的回不去了！我們竟都成了異鄉遊子，而故里寥落，親人安在？設使灌園老丈重現於二十一世紀，他大概會如此慨嘆：「哎！真的是時過而境遷，眼前豈止人事全非？連江山竟然都殘破不堪了！」就回頭想想我們自己吧！首先，我們是該好好鍛鍊出種種駕馭機械的辦法來，而這並不困難，祇要我們多用點腦筋就有法子，就有能力。接著，我們可要練就如同踩高蹺般的好身手，而且把這特技運用在心上，練就「以心安心」的心地功夫——用「一心」安「多心」，用「誠心」安「疑心」，用「專心」安「躁心」，而因此不斷地讓心和腦對話，讓腦和整個身子交談，讓感性、知性和靈性和和睦睦地在生活的道路上攜手同行。當然，我們一定會疲倦，甚至會怠惰，沒關係！守在機械的旁邊，我們便可以好整以暇地如同那些在自家門口守候的老父老母，他們不是都張眼外望，而心底卻都靜如一口口深井，不起絲毫波瀾？或許，這是十分有效的精神療癒——祇要我們安安靜靜地坐著，而篤定地守著自己，望著親人，顧著一個個開窗敞戶的家。

「讀書」是一種靈魂的淬礪

——「精粹」究竟為何物？

在此，再讓我們想想：那灌園耕種的老丈所以捨棄那可以省力的機械，追根究底，應該是為了經由身體的勞動來求心理的平靜；而他腳踏實地，安步當車，信步而行，並且以舉手之勞，感受每一個肢體動作的切實、篤實和真實。如此的生活體驗，實在不是天天滑手機的我們能夠體會得到的。

由此看來，莊子顯然不太信任一堆堆的抽象觀念以及一串串的文字與符號。因此，縱然歷史要延續，文化須播揚，而古老的智慧更得被重視被珍惜，我們卻仍然應該並用尊敬之意和好奇之心，來看待世上所有被記載被保留而因此流傳至今的所謂的「文本」——底下這個故事，正是和上述的道理相關而富有「寫真」趣味的人文景致：

桓公在堂上讀書，輪扁放下工具走上去問桓公：

「敢問您讀的書裡面記載的是什麼人說的話？」

桓公說：「是古代聖人說的話呀！」

輪扁說：「聖人還在嗎？」

桓公說：「聖人已經死了。」

輪扁說：「那麼，您讀的恐怕只是古人的糟粕吧！」

桓公說：「寡人讀書，你這砍輪的怎麼胡亂批評。你得說個道理，若說不出理由來，我可要砍你的頭。」

輪扁於是說：「就用我做的事來打比方吧！我這砍輪的技藝，若出手太慢，那木頭就會因鬆滑而不堅固，而如果出手太快，那木質就會顯得滯澀而難以嵌入。因此，要不快不慢，不疾不徐，得乎心而應乎手，我的動作便自然和我的心意相應合——這是嘴巴說不出來的道理，它的奧妙自在我心中，我卻無法將這道理告訴我的兒子，我的兒子因此無法傳承我這巧妙的手藝，因此我今年已經七十歲了，還得從事砍輪這工作。您想想：古代的人死了，他們那無法傳承下來的智慧也都已消失不見。由此看來，國君您所讀的書，不就是古人所遺留下來的糟粕嗎？」

（原文：桓公讀書於堂上。輪扁斲輪於堂下，釋椎鑿而上，問桓公曰：「敢問，公之所讀者何言邪？」公曰：「聖人之言也。」曰：「聖人在乎？」公曰：「已死矣。」曰：「然則君之所讀者，古人之糟魄已夫！」桓公曰：「寡人讀書，輪人安得議乎，有說則可！無說則死。」輪扁曰：「臣也以臣之事觀之。斲輪，徐則甘而不固，疾則苦而不入。不徐不疾，得之於手而應於心，口不能言，有數存焉於其閒。臣不能以喻臣之子，臣之子亦不能受之於臣，是以行年七十而老斲輪。古之人與其不可傳也死矣，然則君之所讀者，古人之糟魄已夫！」——〈天道〉）

細細看來，莊子說這故事的用意，應不只是教我們該怎麼讀書，怎麼讀懂那些古老文字所要傳達的思想，莊子真正的用心所在，應是那沉濺在書本裡面的古老魂魄究竟可以如何經由我們的閱讀、解釋以及深入的探索，而再次現身，並一次又一次地和我們照面，和我們對談，和我們進行橫亙不同時空的交往。因此，書本似海，我們需有筏有船，纔能自在地遊賞那知識大海的美麗風光。不過，在莊子「得意須忘言」的原則之下，我們是得時時提防「文字障」，更要步步謹慎，絕不能抄小徑，走偏門，而要集中精神力氣來拆解故紙堆中所積累的無數的「觀念之繭」——譬如那些我們從小所接受，而且未經反省與檢查的老祖宗遺留下來的教訓甚至是教條，它們早已形諸於文字，長久以來口耳相傳，代代爭相誦揚；而它們或者談天說地，或者教忠教孝，或者據實論事，或者憑空想像，或者談古道今——有講不完的故事，有道不盡的滄桑，有數不清的人事物，還有嚴謹而細密的推理與論析。而無論如何，它們都是寶，都是人類文化的瑰寶。不過，既然是寶，便都是菁華，都是精粹，都是千錘百鍊出來的真金真鑽；

也難怪有所謂的「金玉良言」，良言如金似玉。由此看來，讀書彷彿開礦冶金，淘砂洗玉一般，必須用心費神，必須睜亮眼睛，更必須慎思明辨，耐住性子，依循書本裡的文字脈絡，先後有序地揭發其中所蘊含的智性的亮光和感性的趣味，以便再現人性豐富而多采的內涵。

其實，讀書不難；而要讀懂一本書的內容，除了一些必備的專業訓練之外，更得準備好一種心情、一種態度、一種眼光、一種想像，以及一種具有反省力與批判力的思考。譬如讀水滸傳，你盡可想像自己是宋江，而自問：「『造反』所為何來？真正的『兄弟』又要哪裡找？」讀紅樓夢時，你可以搖身變成寶玉或黛玉，在「紅樓」的裡裡外外自個兒做夢，做自己的夢。甚至你偶爾翻閱一本歷史的書或是一本哲學書，你更有機會和古人直接對談，而跟著哲人的腳步，漫步在思想的岸邊，靜靜地看「浪淘盡，千古風流人物」，或者在暗夜裡，和某一個你所喜歡的哲學家展開那可以讓我們一夜不眠的辯論。

原來，要讀懂書，先要讀懂「人」，讀懂心靈，讀懂人性，讀懂生命。

因此，真正能讀書的人，其實是以讀書養身，更以讀書養心，而不只是為了吞食那成堆的資訊和知識；莊子說「得意忘言」，禪宗要破「文字障」，道理就在這裡吧！

世上到底有什麼可以讓我們「欣羨」？

如果說我們這顆心像一匹野馬，那麼日日夜夜，時時刻刻，我們便彷彿化身為英勇的騎士，一逕揮舞著長鞭，一路向前奔馳而去；然而，在這人與人擁擠成群的現代社會裡，不僅我們的身體往往受到周遭事物的阻礙，我們這顆心也經常不由自主地像那從高處墜落的風箏，在「自由落體」原理的引導之下逐漸降低高度，而終完結了它作為「落體」的定數，最後卻失去了它短暫的「自由」。

顯然，莊子始終關注我們的身與心，以及我們的情與意，他也充分理解我們作為一個有限的個體的限定、弱點與難處。因此，他苦口婆心地叮嚀我們要好好照料這一顆心，就像那放風箏的孩子兩眼專注地緊盯著在空中飛翔的風箏，兩手同時使勁地緊抓著那條長長細細的繩子，彷彿他整顆心和那風箏並肩飛行，一體同在。

確實，為了個人生命的自我安頓，以及個人生活的自主料理，我們顯然該好好來檢視自己，來好好培養真實而有效的「自知之明」——它像是一道無畏黑暗的亮光，發自我們的內心，全幅地照向周遭，照向一切的虛假、矯飾與造作；而讓我們竟然始終看不見真實的自己以及真實的世界的主要緣由，則是那無端地從我們心底噴湧出的「嫉羨之心」與「欣慕之情」——為了描述這「無明」的心情，莊子做了一個生動的譬喻：

那獨腳的夔欣羨多腳的蚿，
那多腳的蚿欣羨沒腳的蛇，
那沒腳的蛇又欣羨風，
而風又欣羨眼睛，
眼睛又欣羨心。

（原文：夔憐蚿，蚿憐蛇，蛇憐風，風憐目，目憐心。——〈秋水〉）

看來，這「人外有人，天外有天」的實際案例，其間聯結的是一長串的心理鏈，從獨斷、多腳，到沒有腳，欣羡的是速度越來越快，身體的移動越來越敏捷；接著，從風、眼睛到心，欣羡的已經不只是速度，而是那難以捉摸、毫無跡象的自由、自得、自如與自在，而這其實全在「自然」所持續生發的豐盈意趣中——因自然而自由，因自然而自得，因自然而自如，因自然而自在，而終究不被限制，不被干擾，不被禁錮。而擁有「自然」並非只是擁有天生的本領，還包含善用天賦的巧妙以發揮特殊天性的智慧。

確實，「自然」自有其妙用，自有趣味，也自有無可逆料無可限量的可能。而究竟看來，「自然」最終的標的和歸宿就是徹頭徹尾地現出真實的自己，就是一路回返真實的生活現場，而不再作假，不再妄求，不再有非分之想，而因此不再活在虛幻之中，不再忘了「我」是誰，也不再失去自主的本事和自覺的能力。當然，在自然而真實的生活情境裡，守本分並非故步自封，也不是畫地自限；而所謂自立自強，自力更生，也不盡是單打獨鬥或是孤芳自賞，自我感覺良好。

因此，如何拿捏生活的分寸，如何了解生命的步數，如何善用個人的才情以及足以自我造就的相關資源，顯然需要我們不斷地消解那無端欣羨的心情和意向，而由此不斷地回到屬己的生活現場，來好好觸摸自己的身、自己的心，並進而突出那獨一無二的天性與天賦。如此一來，我們又何須自卑自憐？又何必自怨自嘆？縱然人總有向上之念和求好之心，但是除非我們已經為自己找到生命的定位和生活的定點，否則一切向外追求和探索的行動是都可能終歸枉然——祇因生命的時間十分微妙，我們又何必祇求快速？也因生活的內容無比繁複，我們又何須獨沽一味，或竟關起門來，製造那輛無法破門而出的生命快車？

美麗的訣竅
——「外貌」只是一張皮？

古人云：「男女有別」，進而如此分判——「郎才女貌」，以至於「男尊女卑」，「男主外，女主內」的分工分職。如今，如此「男女有別」的刻板印象或差別待遇，已不符合現代「性別平等」的精神和原則，因為所謂「有別」的差異性已逐漸被化除，那刻板的「郎才女貌」則已然過時，而那「男尊女卑」的評比更已不符合民主、自由與平等的原則。因此，對莊子說的這個故事我們就不得不做更具現代意義的解讀：

陽子有一次到宋國，投宿旅店，旅店的主人有兩個妾，其中一個長得美，一個長得醜；而長得醜的受人敬重，長得美的反而被人鄙視。陽子問這到底是什麼緣故？旅店裡的人回答說：「那長得美的自以為美，我因此不覺得她美；那長得醜的自認為醜，我反而不覺得她醜。」

（原文：陽子之宋，宿於逆旅。逆旅人有妾二人，其一人美，其一人惡，惡者貴而美者賤。陽子問其故，逆旅小子對曰：「其美者自美，吾不知其美也；其惡者自惡，吾不知其惡也。」——〈山木〉）

原來，美醜的印象並不是那麼表面，那麼淺薄。而所謂「容貌」或「長相」，其實還包含著「氣質」、「風度」和「涵養」、「品性」等性格與人格的元素。本來，容貌和長相是一個人整體的表現，而不是指身體的構造和器官的組合，它往往是動態的，富有生氣和活力的，而且也不是一成不變的。當然，一個人的長相自有其本有而固定的型態，除非去動整型的手術。

一般看來，長得漂亮的人應該都是幸運的，甚至是有特殊福分的。但是長得不漂亮也並非缺陷，更不必然惹人厭。顯然，莊子在此並不是在做具客觀性的審美判斷，他應該是為了讓我們能夠順順當當地認同並接納自己這一身（包括這一張臉），因此做了這有點刻意的比方。一般看來，長得漂亮的人是可能會較有自信，而長得不漂亮的人，則可能容易自卑，而這往往是世俗眼光所釀致的負面效應。不過，漂亮的人一旦自誇其美色，而讓他的美失去了一些光采，這其實不難理解。而那被嫌醜的人能夠有自知之明，坦然接受那並非由自己造成的外貌，這可是難能可貴的修養，他理當值得尊敬，更值得讚嘆。

看來，活在別人眼裡，是不僅辛苦，而且也不踏實。我們的生命自有其限度，我們的身體更不可能完美無缺，那麼所有針對人自身的評價便都是相對的，都是相互比較出來的。因此，在每一個人的生命都有所不足，甚至有些缺損的情況下，我們理當學習寬容，學習謙卑，學習相互尊重，相互欣賞。當然，我們還是得一起邁向一切的美好，一起遠離匱乏、殘缺、醜陋和罪惡。莊子曾提及一個長得不美的女人在她的孩子一落土時，便急急忙忙拿著火把來照，來看看她的孩子是不是長得和自己一樣不好看。這故事除了證明真實的母愛自然流露之外，還有一層意思：這世上確實充滿成見甚至偏見，特別是那些祇停留在表象的一些膚淺甚至是錯誤的認知和評斷，總是無端地給人不當的壓力，而因此引發一些莫須有的困擾與紛爭。

如今，世上人來人往，頻繁接觸，而彼此照面，卻總是「視而不見」，尤其在網路信息互通的世界裡，要想目睹「廬山真面目」，可是越來越難，不過，在自我認同與彼此來往並行不悖的大前提下，硬道理似乎只有這一個——「活在世上，做你自己」，而活出自己，可不必看人臉色和眼色，祇因為每一個人都獨一無二，又何必相互排比或做無謂的較量？

知魚之樂

——觀賞魚兒水中游比釣魚上鉤高明多了！也優雅多了！

在人與人之間，不論美醜，任誰都能長保「真面目」而自有其本色；但是，人類和大自然之間，卻總橫梗著一道道高牆——這些高牆是怎麼來的？哎！當然是人類用自己的私心、私欲和私利，一層層地砌築出來的，而且越築越高，越來越難以攀越。如今，終於幾乎阻斷了我們和大自然本來一體共在、水乳交融的親密關係。

而兩千多年前，中國南方的水鄉澤國，一望無際，無阻無隔，莊子身處其中，他根本不必爬過什麼牆或鑽透什麼壁，便可以自自在在地和大自然來來往往；可以說，莊子天天「親水」，日日與鳥獸魚蝦為伍。他不是釣客，更不是獵人，因此他總是好整以暇地走到水邊，專注地看著水中魚兒游來游去。有一天，他的好友惠施陪在他身邊，竟突兀地出現了千古一大辯論，幾乎掃了莊子的興。且讓我們把這事從頭說起：

有一天，莊子和惠子一起在濠水的橋上欣賞自然美景。

莊子突然說：「你看，那魚兒優游自在地在水裡游來游去，他們真是快樂呀！」

惠子回說：「你不是魚，你怎麼知道魚的快樂？」

莊子說：「你不是我，你又怎麼知道我不知道魚的快樂？」

惠子又回說：「我不是你，當然不知道你到底知不知道魚的快樂，而你也不是魚，因此你也當然不知道魚到底快樂不快樂，這道理可是真真確確的呀！」

莊子於是說道：「就讓我們從頭說起吧！一開始，你說：『你怎麼知道魚的快樂？』，其實就表示你已經知道我知道魚的快樂，你只不過是在問我到底是怎麼知道的。因此，此刻我就告訴你：是因為我人在濠水邊，所以我知道魚的快樂呀！」

（原文：莊子與惠子遊於濠梁之上。莊子曰：「儵魚出游從容，是魚樂也。」惠子曰：「子非魚，安知魚之樂？」莊子曰：「子非我，安知我不知魚之樂？」惠子曰：「我非子，固不知子矣；子固非魚也，子之不知魚之樂，全矣。」莊子曰：「請循其本。子曰『女安知魚樂』云者，既已知吾知之而問我，我知之濠上也。」——〈秋水〉）

顯然，身為邏輯專家的惠子玩的是邏輯，而且是正確而有效的邏輯，而心底不斷湧現美感的莊子，表面看來，他是有些辭窮，有點詭辯，但他纔是真正的贏家，只因為這場辯論是在天地之間，是在流水之旁，是在不必也不該煞風景的自然美景之中。

在我們斷言「自然」可以療癒百病的前提下，我們和大自然之間全無芥蒂也毫不勉強的往來以及相互的參與和連結，恰恰給了我們生命豐富無比的資糧，而那如活泉般持續地自心底噴發出來的美感，正是「自然療癒」的各種處方中最具療效的——莊子所以懶得在濠水邊、游魚旁和好友玩那有趣的邏輯，只因為他一心玩味的是大自然，是那自自在在的視覺享受，是那舒舒坦坦的靜謐與沉默，他怎麼還可能分出心思來搭那言語的怪腔和邏輯的老調？

本來，大自然乃大造化，說什麼「鬼斧神工」，都不足以道盡自然無限之趣味以及無可比擬的妙奧與怪奇。而原來風景處處有，美感時時現，就看我們願不願放下一腦袋紛亂的思緒以及一肚子糾結的情緒。莊子不是什麼心靈導師，他更不曾在什麼課堂講美學，但他深知：只需一個尋常的姿態和表情，全然不需言語，也不用掩飾以及誇張的動作，「美」就在周邊現身，而且全都活躍了起來。魚兒呀魚兒，你們不是藥方，你們早已化成無數的美的化身，撫慰了所有願意駐足水邊的人們所曾遭逢的創痛與傷損。

深入「變化」，超越「死亡」
——善解變化纔是真正的解脫

始終醉心於大自然的莊子理當認同底下這個普遍的原理：「一切都在變化之中」。因變化而有層出不窮的現象，而天地之間無以計數的事事物物則使一切的變化繁複無比，也精采無比。不過，變化總會有一定的結果，並且往往還可能帶來難以逆料的後果。面對我們生就的這一身而言，最大的變化便是死亡；但如果我們就這麼一句：「死亡是我們身體最大的變化，也是我們生命最大的變化」，似乎過於簡略，過於輕率，更顯得有些冷淡無情。特別在我們的親人結束他們的一生而永遠離開我們的時候，單提客觀意義的「變化」，縱然道出了事實，說明了真相，卻因此不再深入「變化」，去深入了解所以會有如此鉅變的原因與根由，恐怕並沒辦法對哀傷之人提供慰藉、協助以及精神的鎮定與安頓。

面對此一生死大事，還是讓莊子親自為我們做一次示範——這一次，主角有兩個人，一個是還活著的莊子，一個是剛過世的莊子的妻子：

莊子的妻子死了，惠子去弔祭悼問，莊子正蹲坐在一旁敲著瓦盆，唱著歌。惠子於是對莊子說：「你和你妻子一起生活，她替你生養子女，最後年老死了，你不哭也罷，竟然敲瓦盆唱起歌，這不是太過分了嗎？」莊子回說：「不是的，她剛死的時候，我怎能不哀傷呢？但我仔細地觀察，發現她在最初的時候，根本沒有生命，而且不但沒有生命，還沒有形體；不但沒有形體，還沒有氣息，而後來在渺渺茫茫的天地之間，起了變化，於是有了氣息，氣息再起了變化，於是有了形體；形體又起了變化，於是有了生命。如今，她死了，她的生命又起了變化，讓她走到生命的盡頭。如此變化的過程就如同春夏秋冬四季運行一般。想想此刻她正安詳地睡在天地這座大房子裡面，而我竟坐在她身旁哭哭啼啼，這難道不是不通達性命之理的作為嗎？所以我纔不哭呀！」

〈原文：莊子妻死，惠子弔之，莊子則方箕踞鼓盆而歌。惠子曰：「與人居，長子老身，死不哭亦足矣，又鼓盆而歌，不亦甚乎！」莊子曰：「不然，是其始死也，我獨何能無慨然！察其始而本無生，非徒無生也而本無形，非徒無形也而本無氣。雜乎芒芴之間，變而有氣，氣變而有形，形變而有生，今又變而之死，是相與為春秋冬夏四時行也。人且偃然寢於巨室，而我噭噭然隨而哭之，自以為不通乎命，故止也。」——〈至樂〉〉

原來，變化是理，變化也是事，理事本相應，而了解變化的根由的人就是那真正明白事理的人——他明理又知事，通變又達理，又能善解人情世故，而且將親人之死當作是自自然然之事，他除了必須有「通天地一氣」的基礎知識之外，更須有已然內化於個人性靈的智慧以及足以陶鑄個人品格的修養——這可不是說幾句話或轉幾個念頭，便能勘破的生命關卡，因為「死亡」這生命大變化是何等震撼人心的事呀！

再者，我們仔細想想：莊子說他在妻子過世時，和任何人一樣，難免哀傷。而最後在「氣—形—生」這生命變化的三個階段來來回回之際，莊子終於運用基礎的知識超克了一時的感觸，又進一步發揮高明的智慧，來觀照他妻子之死，來超克古往今來任誰都難以越雷池一步的「生死兩茫茫」的人生大限。

當然，我們並無法完全確定莊子在鼓盆而歌時已然全無哀傷，但他說出的道理卻真真實實，他看來有點矯揉造作的言行則另有一番啟示。也許，生死大事乃天地給我們每一個人最厚重的禮物，就看我們怎麼去接納它。怎麼去解讀它。悲觀的智者說人生最美好的事情是我們都不要出生。但是，我們既已生而為人，便得用盡我們的一生，來好好迎接死亡，好好善待死亡，好好通過死亡，一起迎向一切的未知。

第八篇／

幸福之夢——

聽說，如果我們這顆心夠強夠壯的話，
它是有足夠的力氣殺死我們身上大部分的癌細胞，
因此有人說練心比練腦還重要。也聽說，
如果我們能夠懷抱夢想的話，那麼一個個跳躍的夢想，
就可以把世上一切的不幸和苦痛全數拋向黑洞般的過去，
讓我們一方面記憶，一方面遺忘吧！
來好好地和自己做一輩子的唯一的絕配，做那至死不渝的至親與至交。
如此一來，我們的未來就可以悄悄地走入生命的光裡，
步步邁向幸福的原鄉。看來，我們是得感謝莊子，
感謝他說道理又講故事，而且從不說廢話、空話和假話。
莊子只是靜靜地在白天思考，在黑夜做夢：夢裡有人，人又何妨有夢？
而他夢的是這如假包換的天和地，天地之間有人在，
有物在，有風吹，有水流，更有無盡的風景全幅展出。
當然，最難得的是莊子做的是幸福的夢，
他這人生大夢裡有無比的真實、無限的喜悅，
以及那值得我們獻出全部生命的理想與願景；
我們的生命由此纔得以真正療癒，
而我們也纔可能獲致久久長長的健康，以及永永遠遠的平安與幸福。

尋找一生的好搭檔

——「絕配」究竟該怎麼配？

就一段美好姻緣而論，夫妻相依相偎的親密關係，往往直接而迅速地給夫妻雙方無比的撫慰與溫暖。不過，一旦步出家門，走入社會，我們最迫切需要的支援與助力則是來自朋友之間的互動與合作——無論是同學、同事、同工、同業或是所謂「同道」與「同袍」，彼此都是朋友，也都是理當彼此平等而互惠的夥伴。因此，說一個人「社會網絡」、「人際關係」或是所謂「人脈」好，幾乎就等於說這個人有很多的朋友，甚至有很多很要好的朋友。

而莊子生活在人口密度不高，社會性連結度不強的古代社會，還是有他的同道好友——惠施（惠子），雖然他走的是邏輯學的路子，但他和莊子卻頗有往來，甚至經常相互抬槓，一起論辯。因此，莊子纔很感慨地說了底下這個可以定題為「絕配」的故事：

有一天，莊子送葬，經過惠子的墳墓，他於是回頭對後面跟從的人說：「郢地有人把石灰塗在自己的鼻尖，塗得像蒼蠅的翅膀那樣地薄，他便站在那兒，讓匠石用斧頭來砍，匠石運轉那把斧頭簡直像風一樣快（真可謂「運斤成風」），朝那人砍去。結果竟只把那人鼻尖上那一層石灰給砍得乾乾淨淨，那人的鼻子竟一點也沒被傷到，而那人竟仍面不改色，一動也不動地站在那兒。」後來，宋元君聽到這奇人奇事，便命令匠石：「你再試著對我表演一次看看，再露一下你的真功夫吧！」匠石便說：「我確實拿過斧頭，做過這樣的表演，但這可是要有對手呀！如今，和我搭檔的對手已經死去很久了。」自從惠子死了之後，我就從此沒有言談辯論的對手了，我也就不再和別人論辯了。

（原文：莊子送葬，過惠子之墓，顧謂從者曰：「郢人堊其慢其鼻端若蠅翼，使匠石斲之。匠石運斤成風，聽而斲之，盡堊而鼻不傷，郢人立不失容，宋元君聞之，召匠石曰：『嘗試為寡人為之。』匠石曰：『臣則嘗能斲之。雖然，臣之質死久矣。』自夫子之死也，吾無以為質矣，吾無與言之矣。」——〈徐無鬼〉

對手？對手！真正的對手可是可遇不可求。而雙方既然互為「對手」，一方面自有其超絕的本事或是巧妙的技法，另一方面也不能是等閒之輩，甚至還需要足以和對方相互搭配的心思和智慧。由此看來，在我們每一個人的一生中，難得能夠和某個人成為「絕配」，成為「搭檔」，成為彼此都需要對方也都離不開對方的組合——既然是對手，難免暗中較勁，卻又相互依存，相需相求。而如此的組合，已然不是一般的人際關係能夠相提並論，因為他們之間有著十分緊密的連結，彷彿有著共同的命運，一起走在同一條生活軌道上，而這不正是人生最動人的情愛所映照出的最美好的光景？

顯然，我們一生有許多既有的好搭檔以及一些特定的群組與團隊，如父母與子女、兄弟與姊妹、夫妻或愛人以及師徒之間、同事之間、知心好友之間，個個是絕配，相伴相隨，不容輕易地被拆散。其實，我們還可以敞開心懷，邁開腳步，進入人群裡來尋找一些隨機的組合，而不必刻意地如時下做所謂「合體」的演出，只要彼此相知相惜，縱然只是一時一地的短暫相遇，卻仍然可以為自己的生命點燃亮光，也為生活的周遭帶來一絲絲的暖意。由此看來，「萍水相逢」乃無比之幸運，「莫逆之交」更是三生有幸。同船渡江，就得修上百年；而我們又何忍同床異夢？異夢仍可同床，只是那搭檔的巧妙和絕配的趣味可就漸漸地消失了。

其實，佳偶並非天成，好搭檔更需要彼此了解，彼此信任，彼此磨合。那技術如神的匠石和那定力似僧的郢地之人之間乃是無間無礙的相知、無猜無忌的相信以及無縫無隙的相伴相隨。而如此情意相投，如此坦然交心，正是生命康健自在的最佳狀態。我們祇要讓自己這一身安靜下來，也同時讓自己這一顆心沉澱下來，其實隨時隨地都可能出現這美好的匹配以及那可敬又可愛的對手，等著我們仔細端詳，而用一輩子的時間好好來商量，好好來斟酌這生命的醇酒——醇酒是靈魂的佳釀，而美人就在床頭，就在眼前，就在我們迴心轉念之間。原來，療癒不屬病理，而身心和合之道則始終不外乎了解、信任、合作以及全然的給予與付託，恰似匠石運斤如風如電的大自由，也彷彿郢地之人不動如山的大自在，就是相互了解，彼此信任且合作無間的極致。

「舒適」是什麼樣的感覺？

——還是忘了「它」吧！

我們對「現代生活」的感覺，最直接的，就是「舒適」，就是「方便」，就是一連串應接不暇的「享受」。而「現代」還寓含著「進步」、「開放」、「昇華」、「超越」以及我們生命真實、優秀、精緻且圓熟的質地。譬如在「現代」之前，人們往往得付出夾帶著苦痛不快的代價，纔可能達到生活的某些目標；而如今，在現代化的各種工具、各種技術以及各種軟硬體的資助之下，我們已然有著相當完備的生活條件與生活環境。看來，幸福隨時會來敲我們的門，而我們也往往好整以暇，甚至守株待兔般地等著好運來到。

不過，情況往往不如預期，「心想」也並不意謂「事成」。或許，是因為我們不識「幸福」的真面目，也不知「享受」的真滋味，更不懂「舒適」（「適」）的真正的感覺。在此，就讓我們先來聽聽莊子為「適」所下的註腳：

忘記了腳，鞋子就覺得舒適了；忘記了腰，帶子就覺得舒適了；忘記了是非，心裡就覺得舒適了。內在心志不變，並且不盲從外物，所到之處就覺得舒適了。因此，我們的本性所以能閒適自在，以至於無所不適，是因為我們忘了「以閒適為閒適」呀！

（原文：忘足，屨之適也；忘要，帶之適也；知忘是非，心之適也；不內變，不外從，事會之適也。始乎適而未嘗不適者，忘適之適也。——〈達生〉）

看來，「適」的意義從「適應」、「適合」到「舒適」、「閒適」，其實就是從彼此的對立、對反、對應到相互的接納，調適、相融而交融和合為一體、如此的「二合一」，正是相搭相配的極致狀態，而在這過程中間，正是那「忘」的功夫，發揮了媒合的效力，好比那溶劑一般，將本來異質之物，在奇妙的化學作用裡溶為一物，而且往往變為新物，教人稱奇！教人驚嘆！

而人間自有是非，是非本在人間，其實是在我們每一個人的心頭，它們滋生了偏見，引來了爭端，擾得世上不得安寧。莊子要我們「知忘是非」，並非無視於人間的種種現實，因為「忘」不是否定，也不是逃避，更不是刻意的掩飾、遮蔽以至於盲目無知。反之，「忘」是一種超然的心態，是站上了精神更高的高度，是觸及了心靈更廣的廣度，是探入了生命更深的深度，而終把「是非」置之度外。因此，一心逍遙物外，而竟無事可掛心頭，「是非」就彷彿天上浮雲一般，終究礙不了朗朗青天。

不過，腳是腳，鞋是鞋；因此，鞋子對腳而言，仍然是「腳外之物」，以此類推，「是非」也祇是「心外之物」，因為它們是我們思想情意以及種種心靈與精神活動的產物。而在正視「人間自有是非」的現實情境的同時，我們一方面須明辨是非而不能「沒有是非」或「是非不分」；另一方面，則可以將一切之是非「內化」於我們的心底，讓它們如同沉澱之物一般，慢慢地自行轉化，就像那日夜交接之際的落日夕暉，渲染出一片片暈紅，將還有一點點亮光的天際，揮灑出瞬間的美、縹緲的美、稍縱即逝的美，而我們便可以一心期待寧靜的暗夜過後又將是燦爛的白日。

從前，小孩子在新年第一天出門，往往穿新衣穿新鞋，總覺得不太合身合腳，不只老覺得彆扭。回到家甚至於腳竟痛了起來，如今，一些新知識新觀念新科技，往往讓我們的社會有了新的話題、新的爭議甚至產生新的偏見，例如同性婚姻合法化問題，在所謂「保守」與「進步」之間拉鋸，一開始是各持己見，見仁又見智，不過，大勢所趨，普世已然有了一股尊重多元性別認同的走向，這不是誰贏誰輸，而是我們得一起來面對來思考：世上到底有沒有「正常」的標準或是底線？

也許，我們是可以自在地穿越內外之隔，也不用再老惦記物我之分與人我之別；同時，更不必再掛念「正常」為何物，不須再牢記「標準」在哪一條線上，就好好來享受奇妙的化學變化，細細地品味不斷發醇的人生，不疾不徐地看待人間的是是非非，而因此緩緩自在地踱著悠閒的腳步——是自有是之道，非自有非之理，而我們的腳下也自有那終將溶入大地一路迤邐而去的足跡。

「記憶」自有它的好處，而「遺忘」更是一樁好事

如果把我們這一顆心比喻成一輛車子，那麼記憶和遺忘便好比是它的兩個輪子；而兩個輪子得要同時轉動，車子纔能向前走。

而如果把這顆心另比喻成一種容器，為它盛上些什麼是記憶，把它倒掉些什麼則是遺忘；而記憶和遺忘交替進行，這容器便將一直發揮著它應有的功能。

由此看來，心一動，便有了記憶，也就有了遺忘。至於我們所以能知道我們記得什麼，也同時知道我們忘了些什麼，顯然另有一大機關隱藏在我們心底——這個不太露頭的操控者，一般被稱作「意向」，但它又似乎疊床架屋地往思想的高天發展，或者竟像鑿井的機鋒一直旋轉著，一直向心靈的深處鑽探進去。

那一心只想在天地之間遊賞玩味的莊子顯然對思想的高天和心靈的深處都不太有興趣，他全心關注的是那些值得關注的自然美景和人文風情，而這便得有能夠同時駕馭記憶與遺忘這兩個心理作用的能耐——所以稱它們是心理的作用，是因為它們都直接地在我們的心上活動，有時候明明白白，有時候則撲朔迷離，明明白白的是一般的意向與意識，它們的內容往往是記憶所得；而撲朔迷離的是所謂的「潛意識」或「下意識」，它們則和遺忘有所關聯。

不過，莊子並不特別著意於心理意識（包括明白意識和幽暗的潛意識）的解析與探究，他感興趣的是：究竟如何能讓那輛車子始終保持著動能？又究竟如何能讓那些容器「注之而不滿，取之而不竭」地保有「容」（「容納」與「容受」）的功用？祇因為莊子既不願陷入感性的漩渦，又不願落入知性的窠臼，而祇一心盼望能夠真正地提振感性並高揚知性，而後在心靈與性靈平和靜定之際，與一切同在，並和天地萬物相伴相隨——而這正是他所謂的「天地有大美而不言」的境界，莊子的夢與覺，也便全在這不言的大美之中。

由此看來，以「生在美中」、「活在美中」為人生至高理想的莊子所以特別重視「遺忘」，他的理由相當明白，因為遺忘可以讓這顆心不再多所牽掛，不再和感性、知性有過多的糾葛，而記憶則往往是生活所需，它所以必須和數字、名號、影像甚至種種畫面和音聲周旋到底，實在有其不得不然的苦衷。

在此，且來聽聽莊子到底是怎麼「遺忘」的：

魚兒水中游，祇因牠們適合於水中游；
人在道上行，祇因他們適合在道上行；
而適合在水裡游的，
一旦在水池裡就覺得安然舒適；
適合在道上行走的，
只要無為無事就安定在在。

所以說，魚游於江湖裡，就忘了週遭而自在快活；人遊於道術之中，就忘了一切而自由快樂。

（原文：魚相造乎水，人相造乎道。相造乎水者，穿池而養給；相造乎道者，無事而生定。故曰：魚相忘乎江湖，人相忘乎道術。——〈大宗師〉）

俗話說：「水幫魚，魚幫水」，其實，當魚水同在同樂同歡之時，到底是誰幫誰，已然不用細究。而人行道上，道上有人，既上了道，便忘了道，只因人與道已然和合為一體。

哎！天地處處有江湖，而人間時時有好戲。江湖無論多遠，有水便美；而好戲無論多好，臺上臺下有人便可以鬧上一回。

世上種種的美能教人忘了一切的煩憂與苦楚，而那演戲的和看戲的，真正的「門道」就在他們中間一逕地敞開，最後曲終人散，縱然誰也不再記得誰，但那餘韻猶存，情趣依然，又豈止繞樑三日？

當然，人間諸多美好，總教人難忘，總給人安慰，而始終起著身心安頓的療癒作用。但在記憶與遺忘輪番上陣的心路延展之際，我們是一方面要感謝「記憶」的功勞，它帶來的是人生的豐厚與富饒，讓我們的生活多采多姿，一句：「我記得小時候……」接著往往是無盡的懷念與無比的滋味；而同時我們也要感激「遺忘」總是適時而來，運用它不可思議的能量在我們的心頭，灑下無可比擬的芳香，甚至像那巧手按摩著我們的筋骨，讓我們在芳香裡沉睡，在舒暢中將所有的刺激與折磨全般消除，等明朝太陽出來，我們又可以輕快地記住一切的美好。也難怪莊子又說了一句：「忘其所忘，而不忘其所不忘」，讓記憶與遺忘輪番上場，在心靈的舞台上演出場場好戲，這可真是天大的本事呀！

「坐忘」是生命真功夫

——練身更要練心

如今，「練功」已經深入民間，有人天天學，天天練，而終究有了一些心得，得到了某一些真傳，甚至練成一身的功夫。當然，也有人走火入魔，竟自以為是一代大師，而自成一大宗派。不過，有些「練家子」，練的往往只是身體的功夫，學的只是形氣的外現，並沒有自己獨門獨到的心地法門。

而莊子所提倡的功夫乃身心一體，精神與形氣和合無間。他應該已經從流傳自遠古的修道人得到一些啟示、一些根本的發想，因此他總是讓這些修道人自己現身，就像那示範「吾喪我」的南郭子綦，便如同是莊子特別請來的「講座」。此外，莊子還經常請兩個看來和他不同思想系脈的大人物——孔子和他的學生顏回，來當「客座」，而為他的身心一體之道與才德兼修之學，增添不少份量，也似乎更有了說服力，難怪有人說莊子不必被貼上「道家」這個特有的標籤。

在此，我們就來看看這兩個客座教授是如何地在南郭子綦「吾喪我」的境界之外，來個「百尺竿頭更進一步」，而再次展現我們心靈的新願景：

有一天，顏回突然跟他老師——仲尼說：「我進步了！我進步了！」仲尼說：「何以見得呢？」顏回說：「我忘掉仁義了！」仲尼說：「這很好呀，但還是不夠好。」過了幾天，顏回再來對老師說：「我又進步了！」仲尼說：「你怎麼樣了？」顏回說：「我忘掉禮樂了。」仲尼回說：「這當然好呀！但還是沒達到最好的境地。」過了幾天，顏回又跑來見老師，說：「我『坐忘』了！」仲尼驚訝地回他：「我不懂什麼叫『坐忘』，你說說那到底是何光景。」這時候，顏回便緩緩道出他這不可思議的親身體驗：「我解開了身體的束縛，也同時斥棄了聰明的糾纏，如此地離開了身體，去除了智巧，終於能夠和那天地自然之道相應互通，而和合為一體，這就叫『坐忘』。」

（原文：顏回曰：「回益矣。」仲尼曰：「何謂也？」曰：「回忘仁義矣。」曰：「可矣，猶未也。」它日，復見，曰：「回益矣。」曰：「何謂也？」曰：「回忘禮樂矣。」曰：「可矣，猶未也。」它日，復見，曰：「回益矣。」曰：「何謂也？」曰：「回坐忘矣。」仲尼蹴然曰：「何謂坐忘？」顏回曰：「墮肢體，黜聰明，離形去知，同於大通，此謂坐忘。」——〈大宗師〉）

哎！莊子又一次戲弄了成天講究仁義道德，並且行禮如儀的儒者們，還讓他們師生易位，青出於藍而勝於藍，祇因學生有功夫有境界，老師就祇好啞口無言，心服又口服。顯然，顏回的「坐忘」為南郭子綦的「吾喪我」做了具體又生動的注腳——而「我」有兩個，一個是客觀存在的「形軀之我」，一個是由主觀的思考和意念所不斷地形塑出來的「認知之我」。兩個

「我」，一內一外，一個具象一個抽象，而竟一起交相逼迫著我們，讓我們一直活得不自由不自在，一直活得不真實不踏實，甚至因此惹來種種的困擾、煩憂、苦痛以及難以承受的負擔與壓力。

事實上，形軀不等於「我」，「形軀之我」指的是我們對這一副軀體的愛戀與執著；同理，認知也只是我們的一種能力，所謂「認知之我」其實是一些觀念和意念的組合罷了。因此，「墮肢體」墮棄的是我們對這一副軀體的誤解與濫用，「斥聰明」斥絕的是我們因聰明與智巧而招致的偏見與驕慢。

確實，人身難得，我們又怎麼能任意糟蹋它？知識和智巧乃人生利器，我們更是得謹慎地運用它來豐富我們的人生，讓我們活得有意思有趣味。而一般人都以為美德比財富更有價值，於是追求美德比追求財富更值得鼓勵。但是在有欲有求有執的心理驅使之下，追求美德（特別是「美德」所引來的「美名」）往往比追求財富帶來更多的煩惱和更大的壓力。於是上焉者竟「假仁假義」地成了偽君子，下焉者則拾人牙慧地依樣畫葫蘆，做那乖巧的小跟班，跟在種種典禮、儀式與場合的隊伍之中。

顯然，「坐忘」練身更練心，練身運形自是康健的基石，而練心養性則是精神愉悅，心靈舒暢的前奏。想一想，道德有力，知識有效，但如果竟然讓道德有了反作用力，而不在真實的心地裡用功，那麼「偽善」可是有極大的壞處。至於現代世界排山倒海而來的大量的資訊、技術以及多門多樣的知識，更是教我們應接不暇，難以靜下心來，好好地思考，慢慢地咀嚼生活的真味——哎！如果學習竟成苦差，有了知識竟少了思考，而那層出不窮的人情以及那絡繹不絕的世事，竟無法讓我們因此有好文章可以欣賞，有真學問可以玩味，我們便該一起來參訪那修行人南郭子綦和那安貧樂道的顏回，好好地向他們討教。

在言與不言之間
——「知道」到底是怎麼一回事？

長久以來，「教育」一直是個問題，甚至是一個難解的習題。而對我們每一個人來講，我們也都有自身的「教育問題」——我們自己的教育問題，就是所謂的「自我教育」的問題，它其實是修養的問題，是人格的問題，是攸關生命成長的問題。

而不管是體制內的教育或是體制外的教育，基本上都是從開發我們的知性（智性）出發。因此，「知識」就成為教育最好的媒介與工具。特別是在自我成長的過程中，從「沒知識」到「有知識」、「有學問」以至於「知識淵博」而見多識廣，就成為教育的正向與正途。不過，任誰都知道，有知識不必然有修養，有學問更不代表有能力有才情。

不過，無論如何，我們都必須努力求知識，努力做學問，並且盡心盡力培成智慧；而這盡心盡力的過程，就是自我教育、自我修養、自我造就的過程。因此，知識只是個起點，它像是一道起跑線嚴正地在地上劃定，任何跑者都不能越線，而當起跑的槍聲響了之後，每一條跑道竟都像是一個個快速轉動的風火之輪，於是每一個跑者瞬間全都化身為哪吒（火輪天王），腳踩火輪，大展神力。由此看來，知識先分限劃界，而後由智慧開心門，現神通，以破邪顯正，除妖降魔，一舉超越生命的障礙，破解生活的難題，而終消除世上一切的危險和災厄。

當然，莊子不是哪吒，他根本沒有神妙的法力，但卻有轉知識為智慧，將理念化為行動，並且把日常操練內化為人格素養的本事，而由底下這把「知」擬人化，並由「知」作主角的寓言，便可以多少窺見莊子看待思想、知識、言語以及種種作為的基本態度：

知往北方遊歷，到了玄水邊，登上隱岔的山丘，恰巧碰到無為謂，知便對無為謂說：「我想請教你一個問題：我們到底要怎麼思考，纔能了解道？我們到底要怎麼居處如何行動，纔能得到道？我們又到底要經由什麼途徑用什麼方法，纔能得到道？」知如此問了三次，無為謂都沒有回答。其實，無為謂並不是不回答，而是不知道怎麼回答。知得不到答覆，就回到白水南邊，登上狐闋之丘，看到了狂屈，於是知便把他問無為謂的三個問題來轉問狂屈，狂屈聽了，就答說：「唉！我知道，我告訴你。」但是狂屈心裡想說，卻馬上忘了到底要說什麼。於是，知又得不到答案，最後他來到帝宮，拜見了黃帝，並向黃帝請教這三個問題，黃帝立刻回說：「不思想不考慮，纔能了解道；沒有居處，沒有行動，纔能安於道；沒有門路，沒有方法，纔能得到道。」知於是問黃帝：「看來，我和你知道這道理，而那無為謂和狂屈都不知道這道理，那麼到底是知道的對？還是不知道的對？」黃帝於是如此斷言：「那無為謂是真正懂得道，了解道，狂屈則已接近道，而我和你其實都不接近道，都不懂得道，不了解道。因為知道的人是不說的，說的人其實是不知道的，所以聖人施行的是『不言之教』。」

（原文：知北遊於玄水之上，登隱岔之丘，而適遭無為謂焉。知謂無為謂曰：「予欲有問乎若：何思何慮則知道？何處何服則安道？何從何道則得道？」三問而無為謂不答也，非不答，不知答也。知不得問，反於白水之南，登狐闋之上，而睹狂屈焉。知以之言也問乎狂屈。狂屈曰：「唉！予知之，將語若。」中欲言而忘其所欲言。知不得問，反於帝宮，見黃帝而問焉。黃帝曰：「無思無慮始知道，無處無服始安道，無從無道始得道。」知問黃帝曰：「我與若知之，彼與彼不知也，其孰是邪？」黃帝曰：「彼無為謂真是也，狂屈似之；我與汝終不近也。夫知者不言，言者不知，故聖人行不言之教。」——〈知北遊〉）

如果有機會的話，沒有人不想知道「道」，不想安於「道」，不想得到「道」，不想安安穩穩地行走在人生的道路上。然而，當我們滿懷好奇心以及一股求知的熱情，準備步上那一路蜿蜒向遙遠天際的生活道路，卻依然對自己的未來茫然無知的時候，我們確實需要有人如同那「黃帝」一般地鐵口直斷，而且斷的是我們的思思念念以及有所求有所指有所交涉的言語動作，而這彷彿是高人指點，幾句話就痛痛快快地斬斷我們的煩惱和妄想。

只不過更高明的是那什麼都不說的，以及那欲言又止的，這兩種人對求知若渴的我們，看來什麼都沒做，什麼都不回應。但是在「不答」和「忘言」的沉默之中，問答雙方竟像是那深埋土之中的種子，靜靜地吸收生命的滋養，靜靜地在暗黑的庇護之下等待新芽破土而出的瞬間。

而一句「知者不言，言者不知」，則大有警醒惕厲的作用。其實，知者可以言，也可以不言；「言」是一種自由，而「不言」則是一種自在，其中還隱隱然透出自得之樂。至於斷定「言者不知」，乃是因為那「道」無比廣大，無比綿長，無比深沉，更無比奧妙。因此，我們是不必一味地嚮往那「玄之又玄」的高遠境界，而只要隨時回視我們生活於其中的這個世界。顯然，那「道」在近不在遠，在低不在高，在內不在外，在易不在難。當我們自以為已然「知道」，已在「行道」，已經「得道」的時候，正是我們遠離「道」的時候。而當我們「只緣心在此道中」時，我們便將如魚得水，如鳥在林，如天上的雲朵流動於朗朗青天之上。原來，人人都不可離棄自己生命的原鄉——那生命之泉、那生活之林、那讓我們抬頭仰望的天、那任由我們踏足前行的地。而泉聲汩汩，林木蒼翠，我們又何必在這天地之間喋喋不休？

原來，嘴巴說「知道」，心底其實並不是真的「知道」，這在日常的生活境況裡，是我們很難避免的窘境。而如果那「道」無所不在，那麼我們任何一個動作，任何一個表情，任何一句話（包括任何有表意作用的聲音），都和那「道」有關聯有連結，但也同時和那「道」有距離有差異。因此，如果莊子筆下那不答（不知答）的無為謂在「知」提問之下有任何表情或任何動作，那麼黃帝說無為謂「真是也」（「真正懂得道」）也只是黃帝的一面之辭，無為謂是完全不用在意的。

看來，時時警覺言語的有限性，已然是一種難得的修養；而既然「道在人間」以至於「搬水運柴莫非道」，我們何必到處去找什麼「老師」、「名師」或「大師」。也許，在靜默沉寂之中好好看管自己，照料自己，纔是生活的王道。

和自己做一輩子的生意

——世上「至親」只有一人

傳統社會先是以家庭為基石，而後以親子關係為核心向外輻射，終擴展成一個具有相當凝聚力與封閉性的人際網絡。於是，親疏遠近便成為一道道界線或是一條條防線，而「內」與「外」的分別，就在那一扇扇門——是「家門」，也是「心門」，它有時開，有時關；關起門來，便是親人共聚一堂的天倫樂，而打開了門，迎向的則是多路多向多層次的社群——它宛如迷宮，我們既置身其中，便有許多律法、規矩和約定必須遵守，必須信守。

而無論時代怎麼進步，科技怎麼頂尖，數千年來人和人之間始終存在著一些經久不變的基本課題——也可以稱作「生命課題」，因為它們不僅直接左右我們的言行，更總是牽絆著我們的身心。

既已涉入兩千多年前看似不太複雜的人際關係，莊子顯然已經有了身歷其境的經驗，甚至有了深入人性的體驗；不然，他怎麼能夠舉出如下實際又生動的事例：

踩了街市人家的腳，就賠罪說這是自己放肆的錯誤；而假使是哥哥踩了弟弟的腳，卻立即憐惜地慰問關切；而如果是父子至親，那就不用說什麼了。所以說，最尊貴的禮儀是把別人當作自己看待，最崇高的節義是不知道有外物（外人）的存在，而最高明的智慧是不用謀略的，最親愛的仁心是沒有親疏的分別的，而最誠信的保證是不用金玉為質的。

（原文：蹍市人之足，則　以放　，兄則以嫗，大親則已矣。故曰：至禮有不人，至義不物，至知不謀，至仁無親，至信辟金。——〈庚桑楚〉）

看來，莊子是以「君子之腹」度世上一切之「小人」（至少是「小人」之心。或許，有人會認為莊子怎麼如此地「不上道」，如此地不了解「社會化」，如此地不覺察人心的險惡，如此地不了解那無以計數的「定型」或「不定型」的種種契約。當然，如果要為莊子這一段話辯護的話，我們就必須先把一些社會科學（特別是社會學、經濟學和政治學）所提供的知識暫時束之高閣，而單單以人心與人性最原始最質樸的成分來做論斷，纔可能真正了解莊子的用心。

原來，親疏之別是由血緣決定的。說好聽是「天性至親」，其實是利害交關的生命共同體；而「市人」是誰？誰都是，誰也都不是。至於一切的禮儀和節義，則各有來源，也各有作用，就看我們怎麼運用它們。而如今現實的情況是兄弟之間和父子之間，也難免要做一些心裡的算計，至少會有一些生活的「帳目」不能不清清楚楚，有一些權利和義務不能不明明白白。

因此，說「公道自在人心，誠信無需價碼」，也頂多是一種期待、一種盼望、一種迄今仍未實現的理想吧！不過，規矩該怎麼遵守，禮數該怎麼籌定，卻仍然需要我們花費心思，甚至需要我們付諸行動。而既然人倫有親疏，有遠近，還有種種「關係」伴隨著我們一生，我們勢必從小就要鍛鍊出一副強壯的心靈以及一種足以周旋於人我之間的身手和本事。或許，那被踩痛了腳的市人可能立刻反擊，那被哥哥踩痛了腳的弟弟可能立刻嚎啕大哭，這其實是人之常情，誰也必須誠實地面對並慎重地處理，而這些生活瑣事只要交給日常規範（不是禮，便是法）來加以約束，紛爭便終會平息。

而我們最該誠實面對的其實是自己，最該慎重處理的仍然是自己的所作所為。只因為世上有人，有物，又有事，所以我們要設定「禮」，要訂立「法」，還得講究「義」，甚至還須運籌用謀施計。而當我們孤獨自處而無人相伴，無事可做，無計可施的時候，大概就是放下所有世上的牽絆和糾葛的最佳時機。而這個時候，我們很可能會發現：我們世上「至親」只有一人，就是我們自己；同時，我們也很可能因此驚覺：那彌足珍貴的

「至信」，就是相信自己，相信我們自己可以一輩子毫無芥蒂地和自己相處一輩子。

那些做典當生意的人有句很聳動的廣告辭：「萬物皆可當」，而我們如果真的想和自己做一輩子的「生意」，那麼這「萬物皆可當」的信念就必須翻轉為「萬物皆無可當」，因為在「至親」與「至信」的關係裡，已然不需任何典當品或質押之物，因為和自己的生意是不用本錢的，而和自己打交道，又何需規矩？本來，我們就是自己的老闆，也同時是自己的夥計、自己的顧客；如此一來，還有什麼事會讓我們不放心？就讓我們放手去做，放膽前行吧！

日子到底該怎麼過？

——天天幹活，日日修行，纔是生活的王道

有一句話稀鬆平常：「好好過日子吧！」它是一種祝願、一種期許；它看似有點無可奈何，其實已然指出人生「就是這麼一回事！」確實，「人生」是「一回事」，生死一回，來去一遭。但既然已活著，而且活在這個世上，我們是有不少事可做得做，而且可以認真地去做，而踏實地過活——「過日子」，可不是「得過且過」；了不起三萬多個日子，「用數的」，不用花多大力氣，可是如果「用心」去過，用力氣來過活，顯然我們每一天都會有事可做，而且大多是好事，是我們能夠從其中獲得快樂也因此心存盼望的好事。

眼前，現代的生活型態似乎出現兩種極端的情況：有時候，我們會忙得不可開交，而且不亦樂乎；有時候，我們卻又閒得發慌，甚至會覺得生

活有點悶，有點疲憊，有點不耐。不過，生活的一般情況大多交由各行各業來各自決定自己的工作和休息的方式；其間，我們通常是「各盡本分」而「各取所需」，日子就在付出和回收之間悄悄地過。想想，我們不是每個月都會定時看看我們的存摺是否進了一些錢；同時，我們也都得牢牢記住什麼時候該去付某一種稅金，繳某一種款項，而這已儼然是我們日常生活既定的步調。

而當我們說「今非昔比」，意思往往是說這個時代的進步是和從前社會無法相提並論的，而多少帶有貶抑古代社會的意味。然而，單就「人生就是這麼一回事」的觀點來看，我們眼裡的「現代」、「文明」、「科技」以及所有和「流行」、「時尚」、「新潮」有關的東西，其實並沒有那麼重要！那麼珍貴！那麼有價值！

就讓我們來聽聽那傳說中的人物——善卷，在帝舜準備把天下讓給他去治理的時候所說的這一段話：

我生活在這宇宙之中，冬天冷的時候穿皮衣毛裘，夏天熱的時候穿細麻做的衣服。而我春天耕種，形體可以勞動，秋天收成，身體可以休養飽食。太陽出來了，我就出去工作，太陽下山了，我就回家休息，如此自由自在地逍遙在天地之間，心意自然舒暢而自得。因此，你要我去治理天下，我到底是要去做什麼呢？可悲呀！你真是不了解我呀！

（原文：予立於宇宙之中，冬日衣皮毛，夏日衣葛絺；春耕種，形足以勞動；秋收斂，身足以休食；日出而作，日入而息，逍遙於天地之間而心意自得。吾何以天下為哉！悲夫！子之不知予也。——〈讓王〉）

這耳熟能詳的八個字：「日出而作，日入而息」，簡單又俐落地道出生活的質樸與淳厚。而這應不只是指「生理時鐘」所提示的作息的步調，它顯然還意謂「生活」這一回事並不必要大肆鋪張，也不須花費過多的心力和物力。對照時下那些熱中於自我表現的新新人類，這些欲求不多，需求不大，對自己對別人的要求也不嚴苛的古人，似乎「太遜了」（套一下新新人類的用語）。還好，做人自有其基本功，而一味地以「擁有」、「享有」甚至「佔有」為目的生活意圖確實很可能會有負面的作用。由此看來，天地縱然不仁，萬物也不必然有情，但我們至少要讓自己活得自然，活得自在，而且活在對天地萬物完全沒有「所有權」甚至也沒有「使用權」的天地之間。

設使每一個人一輩子工作的主管機關就是「天地」，而我們就受雇於「天地」，「天地」就是我們的雇主、我們的老闆。有一天，我們問老闆：

「我什麼時候可以退休？」

「你走的那一天，就是你退休的日子！」

「那我的退休金呢？」

「…………」

天地無言，天地不言，天地不必多言，因為大家心裡有數，日子有數，歲月有數，而晝夜和四季都有數；而且世上物物不僅有數，還有理有分，有本有末，有時有序。因此，在「天地」所開設的這個「無限公司」裡，其實只要善用生活經驗而不斷地回到生活現場，我們的需求便可得到恰恰好的滿足，而讓我們身心自在，精神愉悅。

如今，縱然我們無力反科技反體制而拒絕大資本大財團的全面圍堵以及無情的壓迫，我們仍然可以如同古修行人一般地「老實辦道」，實實在在地踏足在生活的道路上，而不斷地回歸日常、平常與尋常無奇的生活氛圍裡，來細細地照料周遭和我們最親近的人、事、物，同時好好地欣賞這讓我們暫時寄放這一生的這美好的山、水、林、園，以及已然開闢拓墾的綠野與平疇。

夕陽無限好，「近黃昏」正是一幅渾然天成的畫作，而平平淡淡，安安靜靜，穩穩當當地過日子，可是十分難得的福分——我們其實都是老實人，本該得到上天的疼愛；而我們天天都在「辦道」，日日都在修行，修練的是心，行走的是一條條天造地設的道路。

且再來聽聽底下這簡單的對話：

「我到底什麼時候可以離開這裡？」

「朋友，你隨時都可能離開這裡。」

「…………」

也許，我們決心離開，或者決定不離開，都無妨我們修行，因為我們修的是自己的這一顆心，行的是自己腳下的這一條路，而此心常在，除非我們無端丟失它；此路則直直向前，無限延伸，除非我們竟滯留不前，原地踏步。

後話

「人生在世」，到底是啥意思？

回顧自己的過往，我們往往會情不自禁地感嘆：「人生在世……」這劈頭四個字——「人生在世」，很值得拆解開來，細細地分析：

「人」：首先，肯定自己是「人」，並不只是一種客觀事實的描述與敘述，而且是鄭重其事並嚴正其辭的自我認知與自我認同。

「生」：接著，看看自己，發現自己的的確確是「活著的人」，而且是一個生氣蓬勃、生機淋漓的人。

「在」：我們也都知道自己「在」……，而此「在」是「現在」，是「正在」，是「自在」，更可以是自自在在，無可懷疑，不容否定。

「世」：「世」是「世界」，也可以是「世代」，而我們每個人都有自己所屬的世界，也都能夠活出屬於自己也同時和其他人共有共享的世代。

如此拆字，可以算是另類的反思。而如果兩千多年前的莊子也如此拆字，如此反思，他應該會很輕易地肯定自己是個人，是個很特別的人，而且是生趣無窮地活在這天地之間——自自然然、自自在在的活著。此外，莊子也當有如此的感慨：眼前這天地、這世界，竟如此真實，如此富饒，如此地教人心醉神馳，而這世代、這時代，卻又如此地咄咄逼人，如此地壓迫著每一條敏感的神經、每一顆會思考的腦袋。

想一想，比起莊子，我們看來似乎擁有了更多——更多的財富、更多的資源、更多的機會，以及更多元更複雜的人際關係。

然而，比起莊子，我們看來似乎失去了許多——許多的財富、許多的資源、許多的機會，以及許多個人所獨具的能力：

先是莊子真切地體認「天地與我並生，而萬物與我為一」，這樣的財富完全不需要那些證明自己有「所有權」的憑據，但我們顯然對此一無可估量的財富不再關心，甚至已然失去了興趣。

而那些原本「取之不盡，用之不竭」的資源，如今竟往往被貼上形形色色的標籤，不再可以自由地運用，而因此肇致生命的困境與窘態。想想，如果莊子置身此一由現代人刻意經營的商業活動所建造出來的生活世界，他可能會如此感慨：「我只不過活這一輩子，需要那麼多資源做什麼用？何況只要能夠真正地擁有這一身，也同時真正地歸屬於這一生，我們還會有什麼欠缺？」顯然，對莊子而言，「逍遙」何須誰批可？「物化」又何必驚動一草一木？

至於機會時時有，處處有，人人有，而我們在期盼錦上添花之際，卻往往忘了自己可能正在「火宅」裡，脫困之道便是「死裡逃生」——此事莊子應該很明白，因為他不逢迎，不逃避，不投機，不媚俗，更不在「道通天地」的大好形勢中，無端地丟失與生俱來的大好時機。而如果就這一生一世看來，我們既然已經步上了「道」，便要真正地

「上道」，真正地在「道」上行走。因此，我們最需要的能力就是「生活的能力」，我們最寶貴的才情就是「真性情」——「生活的能力」如種田人的農作，腳踏實地而根植泥土裡，「真性情」似船行水上，雲飛天際，又何必留下什麼印記？而如此自由自在的生命寫真，莊子最在行，因為他很上道，也很篤實；很謙卑，也很有自知之明。一方面，莊子有像鏡子一般如實映現一切的「至人之心」，一方面他也有「有真人而後有真知」的洞見。

由此看來，真正的才情其實不須用「智商」作保證，而一個人生命的高度也無法用世上的名位來丈量。

顯然，在這人世間，只要有一個人對你好，你就一定會很好，而那個人就是你自己。在人我之間來來往往，在厚待別人的同時，我們也要善待自己，善待這獨一無二的我，這千載難逢的一個人。因此，無端地生自己的氣，和自己過意不去，可是一件蠢事；而如果我們能夠三不五時地對自已輕嘆一句：「人生在世……」，顯然就會有一些些慰藉與療癒的效力——

一個「人」字，直接地指向自己，而因此認定自己是個人，接納自己是如此這般的一個人，這理當是一種「認同的療癒」。相反地，否定自己而無法接受自己是如此這般的一個人，是很可能釀致心理的不平以及精神的躁動。

而一個「生」字，則充滿著無限可能；其實，深切體認自己活著而且還能夠繼續活下去，其中也已含藏著生命自治自理的療癒——這已不只是「養病」，而且是「養生」，是啟動生命能量的根本之計，也是一種原原本本、自主自發的生命療癒。

此外，一個「在」字，則不只蘊含著所謂的「存在哲學」的意味，更有著實踐的、行動的甚至是生活的趣味——「在」是「我在」，意思是說我活著，我活出了我，我活出了真真實實的存在以及豐豐富富的生命，而當「存在」與「生命」同義，就是表示我做為一個人、一個活著的人，已然不能自暴自棄，更已不容他人有所質疑，有所侮蔑，有所侵害，祇因生命自有其無上之尊嚴，而存在也本就具有無可限量的價值——說這是澈澈底底的「存在療癒」，似乎一點也不為過。

至於把「世」字擺在後頭，正彷佛一塊塊枕木般，沉甸甸地落定在軌道的基底，讓那筆直的線條不輕易搖動，同時讓那行走在軌道上的車子能夠平穩地前進。確實，這世界是我們唯一的歸屬，這世代更是我們無可脫逸的保命符，縱然每個人都擁有與他人有別有隔的生活世界，但每個人都不能自外於他人的存在，更不能不與他人持續地商量「人生存在」這彷佛通關密語的真心與真意，而讓我們能夠彼此了解，相互合作。

由此看來，體認世界與我存在，體認他人與我同在，乃是無所不在也不容被全然否定的環境療癒與人文療癒。

看來，一句「人生在世」，便飽含著生命療癒的意義與效力；而唯有誠實地面對自己，我們纔可能有真實的存在感、價值感與尊嚴感，而因此變得越來越康健，越來越堅壯，越來越有力氣與勇氣，來迎向任何的病痛與疾苦。

莊子所以將「我」放在生命、存在與世界三者合而為一的整體之中，而一心期盼那「乘物任化」、「浮游乎萬物之祖」而終上達於「道通為一」的境界，也應是為了讓我們活得自然，活得自由，活得自在，而終活出真實的生命、真正的健康以及真真實實的一個人來。

如此提振生命，如此高揚存在，如此地打通我們與世界之間的種種脈絡，其實也已然是莊子特有的「自然療癒」。

哲學家費南多．薩瓦特曾經打趣地說：「人身上最自然的一點是：人從來就不是完全自然的。」，這話說得有道理，祇不過每一個人對「自然」的解讀各有不同，而這就是每一個人的自由、每一個人的權利。其實往往就是因為我們所擁有的這「人」的身分，讓我們不自然，甚至反自然；對此，莊子以他「道行之而成，物謂之而然」以至於「無物不然，無物不可」

的「大自然」、「真自然」，來消解一切的不自然、反自然——或許，從這個觀點看來，莊子心目中似乎有了另類的「超自然」，「超」是指不斷地超越所有「人為」和「自然」之間的對立與對反。而這其實也就是莊子所獨鍾的「境界療癒」，它所蘊含的極其深厚的精神的意趣，原來就在我們和這天地來來往往之際，不斷地湧現出來，祇是我們不知不覺不察罷了。

在莊子隨手一指，用指一點之下，世上任何的一個人、任何的一樣物、任何的一件事，甚至是一道光芒、一種顏色、一陣突如其來的偶遇與邂逅，其實都對我們有療效，都可以真正地發揮那足以恢復靈明之心與康健之身的作用。在此，且讓我們來聽聽這個小故事：

夜半時分，一個僧人覺得肚子餓，突然聽到有人叫賣，他便出門探看，一時之間不知道要買什麼吃，這個時候，耳邊突然傳來一句：「師父，請問您要點什麼心？」這僧人於是當下開悟。

點心，點心，到底要點什麼心？到底是哪一顆心？而心又該怎麼點？看來，僧人修行如俗人工作，總是要用心用功用盡力氣，不過卻往往事倍功半，甚至徒勞無功。莊子顯然相當能夠理解「到底要點什麼心？」這提問的深意，而面對此一不自由不自主的心理窘境，他的法寶便是「自然」，便是「無為」，便是「無心」，便是「道」。因此，我們讚嘆「莊子一點靈」，一點便靈，其實是因為我們隨時隨處都心存盼望，盼望這天地能讓我們「一點就靈」——所謂「一點」，是不僅要用手點，而且還要用心點。「點」是名詞，更是動詞。

原來，世上根本沒有萬靈藥，沒有萬靈丹；而既然我們每一個人都可能是病人，那回春妙手其實就是自己的手，那一點就靈的就是自己這顆心。妙手確實可以回春，然而，唯有自由的心能夠耀現點點靈光——這是內在之光，是生命之光，是理想之光，更是未來之光、永恆之光。

是的，既已「人生在世」，便一定得要挺住「人」這個身分，而好好地活著，好好地在這世上活著，而且一定要活得自由，活得健康。而唯有活得自由，纔可能活得健康；也唯有活得自在，纔能活得精采。這一輩子，既已「人生在世」，祇要我們能夠真正享有自由，也就能夠真正享有健康，而這天地這自然本就能夠真正地接納我們，我們又何必擔心一切的病痛不會遠離我們？

如今，莊子言猶在耳，而他那生命典範與人文風采依舊在；不過，這世上唯一能夠陪伴我們一輩子的，終其一生不離不棄，而且自始至終和我們相伴相扶持的，終究就只有我們自己了。

國家圖書館出版品預行編目（CIP）資料

莊子一點靈 : 東方生命療癒先行者 / 葉海煙著 . -- 初版 . -- 臺北市 : 蔚藍文化 , 2018.02

面；　公分

ISBN 978-986-95814-0-0（平裝）

1.（周）莊周 2. 學術思想 3. 人生哲學

121.33　　　　107002039

莊子一點靈

東方生命療癒先行者

作　　者／葉海煙
社　　長／林宜澐
總 編 輯／廖志墭
執行編輯／林韋聿
書封設計／黃子欽
內文排版／藍天圖物宣字社
內文插畫／吳淑均

出　　版／蔚藍文化出版股份有限公司
地址：10667臺北市大安區復興南路二段237號13樓
電話：02-7710-7864　傳真：02-7710-7868
信箱：azurebks@gmail.com
總 經 銷／大和書報圖書股份有限公司
地址：24890新北市新莊市五工五路2號
電話：02-8990-2588
法律顧問／眾律國際法律事務所　著作權律師／范國華律師
電話：02-2759-5585　網站：www.zoomlaw.net

印　　刷／世和印製企業有限公司
定　　價／台幣300元

初版一刷／2018年3月
I S B N／978-986-95814-0-0